Lasse Los

AF284657

Es winken noch ganz

andere Weiten

oder:

Befreiendes

GEWAHRSEIN im

alltäglichen Gewahrsam

Gedichte - Wortbilder - Lieder

Lasse Los, Jahrgang 1947, Diplompädagoge und Psychologe, Liedermacher und Dichtender, kurzum: Passionierter und mittlerweile pensionierter Mitmensch, beruflich in verschiedenen sozialpädagogischen und psychologisch beratenden Feldern, auch spirituell begleitend, kreativ tätig gewesen, seit über dreißig Jahren seine Lebensweisheiten (ver)dichtend aktiv.

Gewahrung und Anmutung

Hölderlin:

„Gewahrung geht Wahrheit vorher."

Heidegger:

„Anmutungen gehen Vermutungen voraus."

Lasse Los

Es winken noch ganz andere Weiten

Oder:

Befreiendes

GEWAHRSEIN im

alltäglichen Gewahrsam

Gedichte - Wortbilder - Lieder

Bibliografische Information der Deutschen Nationalbibliothek:
Die Deutsche Nationalbibliothek verzeichnet diese Publikation in der Deutschen
Nationalbibliografie; detaillierte bibliografische Daten sind im Internet über
http://dnb.dnb.de abrufbar.

Umschlaggestaltung: Lasse Los
Edition LOS Band 24
lasselos@email.de

Herstellung und Verlag:
BoD - Books on Demand,
Norderstedt

ISBN: *978-3-7568-0944-8*

Geleit

Rahmen-Fragen

Du willst, dass ich nur Fragen stelle
im Rahmen vorgegeb`ner Rahmen.

Doch ich dagegen erlaube mir,
die vorgegebenen Rahmen
in Frage zu stellen.

Manchmal trifft mich ein Gewah- ren

Manchmal
trifft mich ein Gewahren,
und ich lausche, staune, schaue!

Und es bricht ein Dank mir an!

Und ergießt sich, und ich trinke,
viel zu hastig, und es fasst mich
ein Gebaren, alles zu er-
greifen, zu bewahren.

Schon   erlischt
mir lichtendes
Gewahren!

Und ich
warte und bereue,
doch ich zehre von dem
zarten Augenblick, der
trotz meiner Gier
mich ziert.

Inhalt

Statt eines Vorwortes

Lauschen und Gewahren

"Gewöhnlich nehmen wir alles durch einen trüben Film von Haltungen und Geschichten wahr. Können sie von Gewahrsein erhellt werden, so dass der undurchlässige Filter leuchtend durchsichtig wird? Solange wir die Meinungen und Überzeugungen, die unsere Wahrnehmung filtern, nicht aktiv bemerken, wird unser Lauschen nicht klar und präzise sein. Es hat sich verfangen und ist verzerrt - ist nicht in Berührung mit dem, was tatsächlich da ist von Moment zu Moment - einfache, schlichte Präsenz ohne jeglichen Mangel.

Offenes Lauschen umfasst alle Sinne als eine ganzheitliche Wahrnehmung. Da gibt es keine Trennung zwischen Schauen, Lauschen, Riechen, Berühren oder Schmecken - einfach ungeteilte Offenheit aller Sinne, die als ein Ganzes wahrnehmen, ohne dass ein abgetrenntes Selbst am Werk ist. Da gibt es keine Handelnde, keinen Empfänger - nur spontane Präsenz ohne Fragmentierung. Können wir unserem ganzen inneren Lärm frisch zuhören? Mit dem inneren Lärm meine ich das Monologisieren, Dialogisieren, Argumentieren, Widersprechen, Wollen, Zwangsvorstellungen, Ärger, Wut, Schuldgefühle - was immer auch in diesem Moment vorgehen mag. Nicht zuhören, um zu bewerten oder loszuwerden, was aufsteigt, sondern um zu bemerken, was hier in diesem Augenblick in stillem Staunen geschieht."

Toni Packer

(Moderne Zen-Meisterin)

(In: Toni Packer: Das Wunder des Jetzt, Berlin 2004, S. 168/169 - Vertiefung in: "Lasse Los: Jetzseits leben!" BoD, Norderstedt 2020)

Sechs Video-Vorträge von Toni Packer dazu auf YouTube

Prolog

Erwachen und Gewahren

Nach dem Erwachen aus dem Traum
such` ich die Botschaft zu verstehen.
Ich will in meinem Lebensraum
nun traumgeläutert weitergehen.

Der Traum, er spiegelt mein Gelebe
in eindrucksvollen Bildern.
Er warnt vor selbstverliebter Schwebe,
in der ich drohe zu verwildern.

Er weist mir auch den Weg ins Freie,
heraus aus selbstverstrickter Haft
und zeigt mir, wie ich recht gedeihe,
enthüllt mir meine Wachstumskraft.

Wie ist es nun im Wachzustand,
den wir im Alltag stets erfahren?
Durchweht denn dieses Alltagsland
auch ein erwachendes Gewahren?

Dazu das **Lied:** *"Träume sind besondere Schäume"*

aus dem **Music-Textival:** *"In allen Farben singen!"*
in: Lasse Los: Seid Ihr noch zu retten? BoD Norderstedt 2016

... und ich erwache traumgeläutert

Schon lang` treibt mich die Frage um:
Wie wirklich ist die Wirklichkeit,
die wir erfahr`n in Raum und Zeit,
in uns und auch um uns herum?

Wie komponiert uns das Gehirn -
im Dunkel hinter unserer Stirn -
die Welt, an der wir täglich kleben
und bess`res Leben uns erstreben?

Ich wünsch` an der Erkenntnis-Front
mir klare Antwort auf die Fragen,
doch nur im Fragehorizont:
Wie soll ich sinnvoll Leben wagen?

Abstrakte Einsicht brauch` ich nicht!
Sie macht mich doch nur zum Objekt.
Ich suche das Erkenntnislicht,
das mich ins volle Leben weckt.

. . .

Der Traum verklingt! Ich bin erwacht
in eine nie gekannte Helle.
Ich lieg` in einer Lichterpracht
in meinem Bett an jener Stelle,

an der ich morgens stets erneut
erwache und den Tag beginn`.
Doch niemals war es so wie heut`!
Durch mich hindurch fließt Lebenssinn!

Mein Zimmer und das Morgenlicht
und mich gewahre ich als eins.
Da ist kein Ich und nichts ist meins!
Da ist ein funkelndes Gelicht,

das die vertraute Wirklichkeit
mit sanfter Transparenz durchbricht:
Ich bade mich in Seligkeit!
Wer schreibt mir dazu Das-Gedicht?

Die Zeit, wie ich sie sonst erfahre,
steht still, ganz wie ein Wasserstrahl.
Sie ruht im Fließen, ich gewahre
sie jetzt befreit von aller Qual

alltäglicher Verwitterung
auf jener Zeitenfolge-Bahn
der zeitlichen Zersplitterung
im gierverklebten Zeitenwahn.

Und ich bin glücklich, wie noch nie!
Worum ich lebe, weiß ich jetzt!
Ganz wach und still, voll Energie
BIN ICH mit allem Sein vernetzt.

Und WEISS, das ich es immer bin,
auch wenn ich es nicht immer spüre.
IN ALLEM BIN ICH immer drin,
auch wenn ich meistens mich verführe,

als Ego abgetrennt zu leben
von dieser sanften Herrlichkeit,
um mir Mein-Eig`nes zu erstreben
im Kampf mit Welt, Natur und Zeit.

Wie lange ich vom Glück gezehrt,
kann ich im Nachhinein nicht sagen.
Mein Ego hat sich bald gewehrt!
Schon ging dem Glück es an den Kragen!

Vom Kopf her spürt` ich ein Gedränge:
Wie Stangen, die jetzt in mich drangen!
Von Kopf bis Fuß Korsett-Gestänge!
Im Ego war ich neu gefangen!

Ich fand in altbekannten Engen
mich vor in meinem Alltags-Ich,
und abgetrennt, in seinen Fängen,
erschien die Welt mir unwirklich.

Doch als ich aufgestanden war,
verwandelte sich sanft mein Leben:
Viel wacher nahm ich alles wahr,
was mir als Leben aufgegeben.

In der vertrauten Wirklichkeit
gewahrte ich geheimes Weben
von LIEBE, LEBEN, Durchgangsleid,
die sich gemeinsam nur erheben,
um uns in ihren Feuerstätten
als Gold aus allem Erz zu retten.

Wie wirklich ist die Wirklichkeit?
Die Antwort lässt sich nicht erfinden
im denkenden Erkenntnisstreit.
Wir müssen einfach tiefer gründen.

Die Heimkehr ins Konkrete nur
lässt uns im lauschenden Gewahren
mit achtsamer Bewusstheit pur
die Wirklichkeit sich aufklaren.

Den Weg muss jeder selber geh`n!
Die Einsicht kannst Du nur erwerben
im Durchgang durch Dein Ego-Sterben.
Verwandelt wirst Du   N U N   versteh`n!

(Komplett mit Traum in: "Lasse Los - Im Staunen bin ich frei
gesetzt - BoD Norderstedt 2016 - Edition LOS Band 1 - Siehe
kommentiertes Literaturverzeichnis im Anhang S. 140)

Panorama-Sicht

Ich will neue Wege finden,
Alt-Bewährtes jetzt zu sagen.
Lass` mich nicht mehr einbinden
in überkomm`ne Schein-Fragen,
die sich nähren vom Zerspalten
der ALL-EINEN-WIRKLICHEIT.

Sie
durch-
scheint in den Gestalten
jetzt-
seitig in
Raum und Zeit.

Doch Du wirst sie nur gewahren,
wenn Du sie unzerteilt anschaust
und ihrer Transparenz vertraust.
So nur wird sie Dich aufklaren
aus ihrem ungebrochenen Licht
mit einer Panoramasicht.

Mich nicht mehr in Trance verrennen

Meine Zeit, sie ist bemessen.
Doch wie lange, weiß ich nicht.
Diese Einsicht zu vergessen ist
mein Achtsamkeitsverzicht.

Ich will täglich es gewahren,
dass mein Leben ein Präsent ist,
auch wenn mich oft die Gefahren
schrecken, dass der Lebenszwist
mich auf Totengleise führt.

Das Präsent(-)sein aufzulichten
in umkreisenden Gedichten
ist das, was mein Feuer schürt.
Ich will zeitbewußter brennen,
mich nicht mehr in Trance verrennen.

(Zum "Präsent(-)sein" ausführlich in:
"Lasse Los - Präsentosophia: präsent sein - ein
Präsent sein - Edition LOS Band 8 BoD Norderstedt 2021
Siehe Literaturverzeichnis im Anhang - Wortbild dazu S.26)

Be-
freiendes
Gewahrsein im
alltäglichen Gewahrsam

**Gedichte - Wortbilder - Lieder - alphabetisch angeordnet
zum meditativen Innehalten und gewahren**

**Ab-
sonderliche
Abgesondert-
heit**

Wir
scheitern
alle, irgend-
wann, doch
wenn
wir
dann
nach Tränen-
schwall und Trauertal
gestillter in uns gehen,
gewahren wir vielleicht,
wie durch das Scheitern
die Lücke sich vergrößert hat,
die Lücke im Gemäuer unserer
absonderlichen Abgesondertheiten
und so der Ausstieg vorbereitet wird
in ein befreienderes Offensein.

Achtsames Gewahren

Achtsames Gewahren
führt zur Einsicht
in die Färbung
aller ausge-
richteten
Sichten.

Achtsamer leben

Ein Schwein in menschlicher Gestalt
schiss auf `nen Weg im Öko-Wald.
Bald waren Käfer dort zur Stelle,
um diese Exkrementenquelle
noch vor dem übernächsten Morgen
vereint und emsig zu entsorgen.

Ein Waldgänger entdeckte sie,
bestaunte ihre Energie,
doch merkte er auch die Gefahr,
in der die ganze Käferschar
sich nun befand beim Wegentsorgen
und zwar noch lang, bis Übermorgen.

Um ihre Tätigkeit zu stützen,
ihr Überleben mit zu schützen,
umgab er ihren Arbeitsplatz -
rund um den Exkrementeschatz -
mit abgesägten alten Resten
von abgestorbenen Birkenästen.

Wer nun den Weg im Wald betrat,
vielleicht befuhr mit seinem Rad,
der konnt` die Schutzmarkierung seh`n,
und ihr so aus dem Wege geh`n,
konnt` seitlich dran vorbeifahren,
um sich vor Unheil zu bewahren.

Ein Mountainbiker, ein rasanter,
auch sonst als Mensch ein überspannter,
durchraste wie gedopt den Wald.
Das es nun auszuweichen galt,
das sah er nicht! Schon gab`s `nen Knall
und einen neuen Unglücksfall!

Mit manchen Brüchen an den Knochen
lag er darnieder viele Wochen
und hatte Zeit, nun nachzudenken,
entschied, sein Leben neu zu lenken:
In Zukunft Wege zu gewahren,
um sie auch achtsam zu befahren.

Alle Hände
voll zu
tun?

Wer
alle Hände
voll zu tun hat, wie
will der noch empfangen,
was sich ihm nur in
leere Hände
legt?

An Dich

Vor allem suchst Du Dich!
In allem siehst Du Dich und
tanzt den To-des-si-chel-tanz.
Du willst Dich ewig sichern
und sichelst Dich doch nur.

Halt an! Halt ein! Gewahre:
So wirst Du nicht bestehen!
Dein L E B E N will mit Dir
noch ganz andere Wege gehen.

Schau hin, was will Dich lichten
im Kerker, Deinem Selbstbezug.
Vielleicht wirst Du ihn sichten
im Umkehrblick, den Weg heraus
aus mit-schul-di-gem Selbst-be-trug.

Dann zaudere nicht und lass Dich ziehen
zum Licht umfassender Bezogenheit.
Kehr` Dich nicht wieder um
in würgender Betrogenheit
zu trügerisch betäubter Zeit.

Anbiete Dir doch eine Zeit

Anbiete
Dir doch eine Zeit im
Jetzt und Hier, in der Du Dich
ganz innerlich im Neben-Dir
einbettest zum Lauschen, zum
Gewahren, bis es Dich fasst in
Deiner Hast, und sie Dir birst,
Du neu gebettet wirst in
Größerer Anwesen-
heit.

Angereichert

Ich hab` Dich angesehen und wollte weitergehen.
Verklemmt warst Du als Frau, gefühlsgebannt im Stau.
Du hast mich angesprochen, erotisch angestochen.
Ich hab` bei Dir verweilt, Dein Leid mit Dir geteilt.

Dann hab` ich DICH geschaut,
bin ab~grund~tief getaut.
DU hast mich übermannt,
emotional gebannt.

Er hat Dir gut getan,
mein holder Liebeswahn.
Ich hab` Dir blind vertraut,
Dich liebend auf-er-baut.

Du hast mich nur benutzt,
mein Innerstes verschmutzt.
Ich konnte es kaum fassen:
Du hast mich fallen lassen!

Und bist für mich verstummt!
Enttäuscht hab` ich gewahrt,
dass Deine falsche Art,

die in sich
selbst nur brummt,
ich anfangs längst gesehen:
Ich wollt` ja weiter gehen!

angesicht gewahren

Wer sein Angesicht gewahrt,
braucht sein Gesicht
nicht mehr zu
wahren.

Ankunft

Nach manchen mühseligen Wegen,
kurz vor dem langersehnten Ziel,
bricht mir die Vorfreude zusammen
und geht in einen Sinkflug über.

Ernüchterung verbreitet sich.
Die Ankunft am verklärten Ziel
zerbricht mir meine Illusionen.

Und ich erwache und gewahre:
Was ich mit mir er®eichen wollte,
ist längst mit mir geeicht.

Arie des Gewahrens

Halt` an! Halt` ein! Erfahre,
was Dich stets weitertreibt.
Sei einfach da und gare
in dem, was einverleibt.

Lass es gescheh`n, gewahre,
was Dich ins Jetzseits hebt,
ins lichte Offenbare,
aus dem sich alles webt.

Werd` wach und klar, erspare
Dir all` Dein Eigenstreben
nach selbstgefachtem Beben.

Sei einfach DAnk und wahre
Dein antastbares LEBEN
als längst schon
freigegeben!

Aufklaerung

In der Aufklaerung
leuchtet die Vernunft
die Dinge aus.

In der Aufklarung
leuchten im Gewahren
die Dinge auf.

Aufklaerung und Aufklarung

Die
Aufklaerung
hellt auf mit der Vernunft.
Sie hält Dich an, fordert Dich auf,
Vernünftiges zu tun und überfordert Dich damit.

Die Aufklarung klart auf im Gewahren.
Sie klart Dich auf und foerdert Dich,
solange, bis Du fähig wirst,
Erforderliches
zu tun.

Aufklaren

**Das
Denken ent-
schränken
hin zum
wachen
Gewahren,
Aufklaerung
verweben,
aufhe-
ben**

**im
Sprung
zum Auf-
klaren.**

Auf Richten verzichten

Auf
Richten
verzichten!
Auf-Richten,
nicht Richten!
Nicht   Aus-
Rich - ten!
Nicht Ab-
Rich-
ten!

Auf
Richten
verzich-
ten!

Auf- und Abwarten

Auf-
warte Dir das
Leben und warte es nicht ab.
Doch warte ab und zu
mal ab
in wacher
Achtsam-
keit,
um zu gewahren, wie das Leben,
das Dir in allem aufgegeben,
sinnvoll zu warten ist.

Ausgedacht

Das Denken hat sich ausgedacht,
hat seine Gren-zen auf-ge-macht,
sich selbst um den Verstand gebracht
und ist gewahrend aufgewacht
aus eigener Erkenntnisnacht
und seiner selbster-
dachten Pracht.

Auserkoren zum Präsent(-)sein

Lass dem Falschen seine Zeit,
sich als falsch zu gewahren,
bis es gart in seiner Falschheit
und durchschaut, wie sich`s verfahren.

Es zerschmilzt im Licht der EINSICHT
alles schockgefrorene Trennen.
Fehlverhalten(d)es zerbricht
im gewahrenden Benennen.

Und schon ist es offenbar,
was im Falschen immer war,
zwar verzerrt, doch nicht verloren,
wozu wir stets auserkoren:
Zum Präsent(-)sein!

Beengnis und Baengnis

Das größte anzunehmende Verhängnis:
Dein froh und frei gewähltes Selbstgefängnis!
Gewahre Deine zeugende Beengnis
und die von ihr gezeugte Baengnis!

Befreiendes Gewahren

Ich stelle mich daneben
und schau` mir alles an:
Wem soll ich mich ergeben?
Was schlägt mich jäh in Bann?

Was sucht mich zu umgarnen
und kreist mich schleichend ein?
Wovor soll ICH-MICH warnen,
um nicht sein Knecht zu sein?

Dies alles und noch mehr
entdecke ich im Schauen.
Es steigert mein Vertrauen
und fördert den Verkehr
mit mir und jener Welt,
die sich mir zugesellt.

Befreiendes Zittern
Zitternde Befreiung

Ich wittere ein Zittern,
das sich mir naht, von innen her,
meine Verbitterungen zu erschüttern,
meine Weltenklitterungen zu entgittern.

Es will mein schützendes, doch viel
zu enges Stützkorsett zersplittern,
will meine Abwehren verwittern,
will mich, erneuernd, unermüd-
lich zum wiederholten Male
mit einer Weite füttern, die
mich dann nach dem
Zittern entlässt in
die Befrei-
ung.

Befreiung aus der Blendungshaft

Wer sich von Äußerem blenden lässt,
den hält die Außenblendung fest.
Er stiftet ihr den Ehrenkranz und
suhlt sich in dem Blendungsglanz.

Wird ihm das Äußere transparent
für das, was in ihm immanent
sich eingewebt in das Event
als nun im Äußeren präsent,

gewahrt er den Zusammenhang
und wertet im Zusammenklang,
wofür das Ganze wirklich steht
und worum es sich bei ihm dreht.

Und leuchtet es ihm jählings ein
und lichtet sich der Augenschein,
befreit es aus der Blendungshaft,
die doch nur weitere Blendung schafft.

Bejaht

Und mich umschleicht, umschmeichelt ein
schlichtes Ja ohn` Wenn und Aber!
In seinem Licht gewahre ich
mich wertend und
erwartend.

Und es entthront
als Herrscher mich,
als selbsternannter in meinem
Reich der Vor-ver-ur-tei-lun-gen.
Es taut mir der er-trotz-te Thron.

Und im Verzicht beschenkt es mich mit
sich, durchstreicht mir die Verneinung.
Bejaht bin ich, ins Ja gestreichelt.

Beratung und Begleitung

Ich werde Deine Seelenwunden,
die Dir geschlagen sind, erkunden,
sie mit Dir im Gespräch umrunden,
gewahren, was Dich so geschunden,
worin Dein WESEN fast verschwunden
in Abgründen und Seelenschlunden,
bis sich zu bewährten Stunden
die Heilungsschübe
eingefunden,
in die
Du
nun mit
eingebunden,
die Wege findest
zum Gesunden. Und ist
es einmal überwunden, wird
Dir Dein Leben wieder munden.

Bewaehrung

**Wer nichts gewahrt und nichts bewahrt,
wie will der sich bewähren?**

Bewahrung im Gewahren

Die Krisen,
sie sind furchtbar
und gleichzeitig auch fruchtbar.

Sie treiben Dich im Schmerz zum Bruch.
Sie jagen Dich durch ihn hindurch.

Am Ende bleibt Dir nur der Sprung
ins Freie.
Bewahrt wirst Du
im offenen Ge~wah~ren!

Bewertungsentwerter

All` Deine voreiligen
egozentrischen Bewertungen
im Bewertungsentwerter
des Gewahrseins entwerten.

Bewusstheit und Bewusstsein

Und bin ich im Zyklon-Event,
in dessen Mitte still präsent,
gewahre aus der Mitten-Stille
das um mich tosende Gebrülle,
ist es mir nunmehr evident,
was man die Bewusstheit nennt.

Doch richte ich mein Augenmerk
jetzthier als des Bewusstseins Werk
auf einen Ausschnitt im Geschehen,
wird mir Bewusstheit schnell verwehen.

Den Ausschnitt sehe ich nur noch
begrenzt durch`s fokussierte Loch.
Bewusst ist mir nur, was ich sehe,
und wenn ich mich nun darum drehe,
reißt es mich ins Zyklon-Event,
in das, was man im Alltag kennt.

Bewusstheit

Des

Messers

Schneide

kann

sich

nicht

selber

ssss
cccc
hhh
nnn
eee
iii
ddd
e e e
nnnn

Binde-Segen-uns-entgegen

Auf meinen Finde-Wegen
gewahre ich den Binde-Segen
des Immer-Gegen-Wärtigen.

Ich hebe ihn ins schlichte Wort,
dort ist für mich der lichte Ort
seiner Ver-Gegen-Wärtigung.

Ich lass mich von ihm heiter tragen,
im Wort will ich ihn weitersagen
in dankender Bewahrung.

Und wolltet Ihr befreit Euch finden,
dann solltet Ihr an ihn Euch binden,
in lichtender Aufklarung.

Bin ich DA, BIN ICH

Ich habe, das ist offenbar,
einen Körper, doch ich bin
nicht mein Körper, wird mir klar.
Und es kommt mir in den Sinn:
ICH BIN leibhaftig DA,
durch den Leib strahlt mir:
ICH BIN

Ich habe, das ist offenbar
auch Gefühle, doch ich bin
nicht Gefühl, wird mir klar.
Und es kommt mir in den Sinn:
Im Gefühl BIN ICH auch DA,
durch`s Gefühl strahlt mir:
ICH BIN

Ich habe, das ist offenbar,
auch Gedanken, doch ich bin
nicht mein Denken, wird mir klar.
Und es kommt mir in den Sinn:
In Gedanken BIN ICH DA,
durch mein Denken strahlt:
ICH BIN

Ich habe, das ist offenbar,
wenig Zeit, doch ICH BIN
nicht in Zeitnot, wird mir klar.
Und es kommt mir in den Sinn:
In der Zeit BIN ICH DA,
durch die Zeit strahlt mir:
ICH BIN

Ich hab`, das ist jetzt offenbar,
nichts von dem, was ICH BIN .
Doch wer bin ich, BIN ICH DA ?
ICH BIN reines Gewahren,
Zentrum des Bewusstseins,
Zeuge dessen, was ich habe,
BIN ICH in ihm ganz:
DA

Bitter-süsser Kelch
der Präsentosophia

präsent-sein: Mit Bewusstheit das Leben als Event erfahren

präsent-sein: In Bewusstheit das LEBEN als Präsent gewahren

PRÄSENT-SEIN: Ein PRÄSENT sein

In der Welt präsent sein

In ihr ein Präsent sein

PRÄSENTOSOPHIA

Minimal Message, but Maximal Massage

(Dazu ausführlich in:"Lasse Los - Präsentosophia:
präsent sein - ein Präsent sein BoD Norderstedt 2021
Siehe auch kommentierte Literaturliste im Anhang)

Blickwandel

Taugt er noch,
der hart gesottene Röntgenblick,
modisch gestylt, diamant geschliffen
in vielen Kämpfen, messerscharf
schneidend, ätzend, verletzend,
lebenswürgender Herrscher-
blick mit dem Willen
zur Griffigkeit des
Un~ver~füg-
baren?

Taut
er nun,
weicht er sich,
wird er getaucht,
getauft, gewandelt,
geadelt im weißen Licht
aufrichtigen Umkehrblickes,
geläutert für ein Wandeln
im achtsamen Staunen
und Gewahren dessen,
worum es eigent-
lich geht?

Blumenweise

Was mit der Blume durch sie spricht:
Ganz einfach sein und blühen!
Springt mir ins wartende Gedicht,
ganz ohne mein Bemühen.

Und ich bin da und staune nur,
wie sich die Dinge fügen.
Es atmet mich ur-eigner Schwur,
zu lassen, nicht zu siegen.

Und ich gewahre mich vereint
mit meinem eigenen Blühen.
Und bin mir nicht mehr spinnefeind,
ganz ohne mein Bemühen.

Bringe
die Vernunft
zur Ver-
nunft

Bringe
die Vernunft
zur Vernunft
und bekränze
ihre Grenzen,
an denen sich
allein nur die
Gewahrens-
offenba-
rung

des
Jetztseits
im Jetzt er-
eignet.

Das Auge der Kontemplation

Es ist offen, immer schon,
keine Ladenschlußgezeiten:
Das Auge der Kontemplation.
Es bewahrt durch alle Zeiten
seine Unbestechlichkeit.

Es gewahrt nach allen Seiten.
Ihm erklingt die WIRKLICHKEIT.
Es durchdringt auch jene Weiten
ausnüchternder Heilsamkeit. Und
es singt in heller Wachheit
gegen alle Ignoranz.

Es umringt,
ohne zu streiten,
fordert auf zu jenem Tanz
segenspendender PRÄSENZ,
weist durch alle Sterblichkeiten
hin zu immer grünem Lenz.

Das dritte Ohr

Das Denken ist der Präsident
im Jetztseits hier beim Aufklaren.
Doch über ihm thront das Gewahren,
die Kaiserin, die ihn benennt
zum Dienst in ihrem Reiche.

Das Denken führt zur Aufklaerung.
In seiner denkenden Bewährung,
da sichert es so manche Deiche
uns gegen ungeklärte Fluten.

Doch das Nur-denkende Gebaren
ganz ohne achtsames Gewahren,
es lässt das Leben ausbluten.

Das Denken wird Dich nicht betören,
wirst Du mit Deinem dritten Ohr
Dich öffnen für das LEBENstor
und dann die Kaiserin erhören.

Das Einzig-Richtige im Falschen

Das Falsche als das Falsche gewahren,
sich in ihm als gefälscht erfahren,
das ist das Einzig-Richtige.

Das Ganze gewahren

Eingeboren in buntes,
gleichnishaftes Farbenspiel
im Innen und im Außen,
gewahren wir das Ganze
nur im Vortritt aus
der Farben-
pracht
ins
EINE LICHT
diesseits von aller
prismatischen Gestaltung.

Das Maß der Dinge

Der Mensch sei das Maß aller Dinge!
Das hat man irgendwann einmal geglaubt.
Und dass er deshalb auch die Welt bezwinge,
wenn er genügend an ihr herum geschraubt.
Nun, mittlerweile hat er sie bezwungen,
sie so verändert, dass sie fast verendet!
Ins Destruktive hat es sich gewendet.
„Das-Maß-der-Dinge-Lied"
ist ausgesungen.

Im
Wahn,
der Mensch
sei Krone der Schöpfung
entpuppt er sich als Krone der Schröpfung.

Doch tönt Im-Menschen das Maß der Dinge.
Er kann`s gewahren, ist er dafür hörbereit.
ES möchte, dass er immer mit ihm schwinge
und Es durchtönen lasse in Seiner-Zeit.

Das Maß der Mitte ist verloren!

Im Überfluss gedeiht das Maß
ausufernder Maßlosigkeit.
Überall treibt Fastfood-Fraß
in die Beschleunigung der Zeit.

Das Maß der Mitte ist verloren!
Die Pole sind nicht mehr im Lot!
Was schützen soll, wird tot geboren!
Der Untergang uns allen droht!

Wenn wir nicht schleunigst innehalten,
gewahren, was wir anrichten mit
unserem Welt- + Selbst-Zerspalten,
in Umkehr-Einsicht uns durchlichten:

Damit wir endlich zugestehen:
Mit Kahlfraßwohlstandswucherwahn
kann/darf es nicht mehr weitergehen!
Er reißt uns auf die Abgrund-Bahn!

Das Paradies

In tiefer Stille offenbarte sich
mir, was selten ich gewahrte:
Das Paradies ist HIER-IM-JETZT.
Nur ist es nicht In - Zeit vernetzt.

Es west im Jetztseitigen an, stets
frei vom Raum- und Zeitenbann und
schenkt sich doch in Raum und Zeit
als AN-TEST-BA-RE   E-WIG-KEIT.

Und ich gewahr` es hinter Mauern!
Es sucht vor mir sich zu verschließen!

Um egofrei in ihm zu sprießen, muss
ich noch manches Tief durchtrauern,
in meinen Il-lu-si-o-nen sterben,
um MICH-IM-PARADIES
zu erben.

Das uns
bekannt Beschreiende
Das unbekannt Befreiende

Das unbekannt Befreiende,
bedrohlich hockt es
an den Grenzen
des Unsrigen.

Beharrlich lockt es uns,
eingrenzende Schwellen
zu überschreiten.

Das uns bekannt Beschreiende,
beharrlich hockt es
an den Trögen
des Unsrigen.

Beharrlich lockt es uns,
beschützende Schwellen
nicht auszuweiten.

Dein Ende in den Ketten

Gewahre ohne Wenn und Aber Ketten,
in die Du suchst Dich wieder einzukletten.
Gestillt zerbricht Dir bald der Kettenbann!
Zu Deinem Unglück bist Du dann ein freier Mann!

Nun lausch` dem Wenn und Aber Deiner Ketten,
die Dich beschwör`n, Dein Leben Dir zu retten!
Lass ab von ihrem hörigen Verlangen.
Halt mutig-still ihm stand, bis es vergangen.

Gewahre jetzt Dein Ende in den Ketten, die
Dich ohn` Dein Gewahr`n im Griff noch hätten.
Sei nun - zu Deinem Glück - ein freier Mann
und richt` Dich nie mehr ein im Kettenbann.

Dem Röteln - den entwichen

Wenn ich - als Rötelnder -
für einen kurzen Augenblick
das Grün als Grün gewahre,
und es mir nicht sofort verfärbe
in rö-teln-de Ver-bräu-nung,
bin ich in diesem Augenblick
den Rötelnden entwichen
in eine egofreie Sicht
der ganzen Farben-
wirklichkeit.

Denken - GEWAHREN - E I N S I C H T

Was sich dem GEWAHREN offenbart,
ist viel näher an der WIRKLICHKEIT,
als die lichte, schärfste Denkungsart.
Denken bleibt gefangen in der Zeit.
Bricht der Götzenglaube an das Denken
in der Götter - Dämmerung - IM - JETZT
wird sich uns die EINE-EINSICHT schenken,
die sich nicht mehr durch Denken
vernetzt, versetzt, verletzt.

Denk` mal nicht soviel (Kanon)

Denk` mal nicht
soviel, sondern lebe
und gewahre, was
das Leben soll,
in Dur und
in Moll.
Spüre es
und spure,
Ton-in-Ton,
und versprühe
in vielen Farben Dich.

(Als Kanon in „Lasse Los: Seid Ihr noch zu retten?"
Mit Noten und Akkordsymbolen im Liederbuch „Lasse Los:
...da muss doch noch LEBEN ins Leben rein!"
Hörprobe auf meinem Youtube-Kanal
WISDOM FOR FUTURE)

Der Bruch der Wandlung

Was   hat   mich   da   ergriffen?
Wer   hat   mich   eingenommen?

Ich   werde   nun   geschliffen,
gewahre, noch verschwommen,
dass ich mich wandeln werde.

Und dies androht mir Leid!
Ab-weh-ren-de   Ge-bär-de
schützt mich noch eine Zeit
vor dem endgültigen Zerfall
selbstmächtig   zugerichteter
Identität   im   eigenen   All.

Und in den Bruch gewichtiger
Verblendungen, die mich gebannt,
durchscheint mein Kern als Diamant.

Der Dichter

Der Dichter ist ein
Wart des Wortes,
er(-)wartet es,
gewahrt den
Wert des Wortes,
bewahrt es dichtend und
gewährt es uns als
Wirt des Wortes,
bewirtet uns
mit ihm.

Der Weg zurück?

Wer auf Kopf
steht, der steht Kopf
als ein nur-mentaler Tropf,
sieht die Welt verkehrt herum,
bleibt trotz aller Bildung dumm.
Es sei denn, es packt beim Schopf ihn
nun sein Schicksal, stellt vom Kopf ihn
auf noch wackelige Füße,
dass das Leben er begrüße
im vollzogenen Umkehrblick.
Wünscht er noch den Weg zurück?

Des Lebens Sinn

Es stolperte mein Lebenslauf
und schlug erbarmungslos mich hin.
Im Schmerz erwachte ich, stand auf,
gewahrte staunend: WER ICH BIN !

Erschaute meinen Ausverkauf
und seinen fraglichen Gewinn
im angestrebten Richtungslauf.

Gewahrte kurz des Lebens Sinn:
Die Aufrichtung in Plusgestalt
und Leben ohne Richtungshalt,
es sei denn in der Aufrichtung!

Die
Aufklarung
der Aufklaerung

Das radikal befreite Denken
stellt scheinbar Sicheres in Frage.
Es demontiert im Gegenlenken.

Es führt die beredte Klage
gegen alle voreiligen kaum
durchdachten Konstruktionen der
geglaubten heiligen festen Institutionen
in Gesellschaft, Kirche, Staat.

Doch zersetzt das Denken nur!
Für die aufrichtende Spur
stiftet es uns nicht
die Saat.

Nur
im Duett
mit dem Gewahren
fördert es ein Aufklaren
der ureigenen Aufklaerung,
hilft somit der Bewährung
von Einsichten im Leben.

Die Gunst der Stunde

Die Gunst der Stunde, die Ihr preist,
sie ist nur bunt-gefärbter Dunst.
Wer orientierungslos vereist,
dem wollt Ihr mit Verneblungskunst
verschleiern, dass er - selbstverwaist -
lebendig schon begraben ist.
Was ist das bloß, das Euch zerfrißt?
Zeit wird es, dass der Schleier reißt
und Ihr im Spiegel dann erkennt,
was Euch in die Verblendung treibt,
in der Ihr selber Euch zerreibt
und Euch nur immer mehr verrennt.
Das wird die Gunst der Stunde sein!
Sie wird vom Dunste Euch befrei`n!

Die Kraft IM-NUN

Weil ich kaum im Jetztseits lebe,
bin ich selten nicht verfangen
in Gespinsten und ich webe
eifrig weiter am Vergangen
und auch am Zukünftigen,
berge mich in Sicherheiten,
verwehre dem Vernünftigen
oft, mich jetztwärts zu geleiten.

Und weiß doch um die Kraft im NUN:
Sie ist mir mehrfach widerfahren im
Als - täte - man - nicht - Tun und im
achtsamen Gewahren dessen,
was mich gerade biegt.

Die Noch - Nicht - Welt

Du stehst dabei, in Dich gekehrt,
und schaust als würdest Du jetzt
eine Welt gewahren, in der Konflikte
friedlicher zu lösen sind:
Ohne Gebrüll! Ohne
Gewalt!

Ach,
tröste Dich!
Die andere Welt,
sie ist die einzig wahre!
Auch wenn sie sich noch lange nicht
bei uns, mit uns und durch uns
dergestalt verwirklicht hat.

Lass Dich davon nicht abbringen:
Von Deiner Schau der Noch-Nicht-Welt.
Sie wird sich schon noch durchringen,
auch wenn`s den meisten nicht gefällt.
Du sollst sie mit zur Welt bringen!

(Für eine junge, mir unbekannte Italienerin,
die ich beim Konflikt, den ihre Eltern beim Hotel am
Gardasee lauthals gegeneinander austrugen, kurz „sah")

Die Plusgestalt ist eingeboren!

Das Plus
vereint
die
Gegensätze, anbietet, dass ich
seine Schätze in ihm als
U r s y m b o l
gewahre,
und mich in
ihm geeint erfahre.

Die Plusgestalt ist eingeboren.
Sie will im Leib sich aufrichten.
Wir sind wohl dazu auserkoren,
als Plus der Welt uns zu verpflichten.
Doch scheint es leichter, nur zu kriechen
wie pluszerspalt`ne Minus-Schlangen,
die überall zwar hingelangen,
doch erdnah nur dahinsiechen:
Als angerauhte Minus-Waisen
in uns vertrauten Minus-Schneisen!

Die Todesangst, sie blieb mir fern

Zwei Lungenembolien drohten
als ängs-ti-gen-de To-des-bo-ten
mein Leben plötzlich umzuwenden
und es im Tode zu beenden.
Im Anblick jener Ur-Gefahr
wurd` mir die Klarsicht jäh gewahr:
„Ich leb`  auf  einem  and`ren Stern!
Die Todesangst, sie bleibt mir fern!"
Und mich durchströmte Urvertrauen
und schützte mich vor`m Todesgrauen,
ließ mir die eigene Zukunft offen
und mich gelassen weiter hoffen.
Ich hab` die Lungenembolien
mit ihren To-des-e-ner-gi-en
noch einmal dankbar überlebt,
ins Leben mich neu eingewebt
mit tragiktra~gen~dem Vertrauen.

Die Welt gewahren
Die Welt bewahren

Nur wer die Welt gewahrt,
der kann sie auch bewahren.

Doch wer die Welt nur denkt,
gewahrt sie nicht!
Wie will
er sie bewahren?

Die Welt kippt um

Die
Welt kippt um
im Übergang der Reinigung.

Weh dem, der sich nicht schon gekehrt
und lebt im Maß und nicht vermehrt in
Steigerung der Produktivitätenwahnes.

Sie kehrt sich um, die Steinigung:
Die Steine sind wie Bumerang.
Die Peinigung wird fürchterlich
im Übergang der Reinigung.

Weh dem, der sich nicht
schon gekehrt,
er kippt mit
um!

Doppelte Selbsttranszendenz

Und
über mich
hinaus-
schreiten! Bei der Sache sein!
Und in Ruhe gewahren,
wie ich tue,
was ich mache,
wenn ich jetzthier
bei der Sache bin!

DU LEBST! Ist das nicht wunderbar?

Sind wir nicht wirklich wunderlich?
Gewahre es und wunder` Dich!

DU LEBST! Ist das nicht wunderbar?
Du könntest sehr wohl NICHT-SEIN!
Bist Du auch nicht der Wunden bar,
die stets, oh Wunder, heilen,
so ist doch eines sonderklar:

DU LEBST! Und das ist wunderbar!
Was willst Du mehr an Wundern?

Wirkt das nicht wirklich wunderlich?
Gewahre es und wunder` Dich!

DU LEBST!
Was willst Du mehr?
Das WIE ist sekundär!
Das DASS, das ist primär!

*(Präsentische Berührung während
eines Nachmittagsspazierganges)*

Echter Krankheitsgewinn

Es gilt bei mir noch sehr viel zu entdecken!
Was ich bisher gewahre, ist noch karg.
Die Krankheit lockte mich aus den Verstecken,
in denen ich vor MIR mich oft verbarg.

Geschwächt sind meine liebgeronn`nen Bilder,
die mir die blinden Flecken treu erhalten.
Ich schau sie an: Sie sind nur Abwehrschilder
und dienten mir als spaltende Gestalten.

Es lüftet sich mein bildverhang`nes Dunkel.
Die Bilder flattern jetzt im Geisteswind.
Befreit von ihnen schau ich wie ein Kind
und lausche dem raunenden Gemunkel:

Erhebe Dich, verlass` die blinden Flecken!
Es gibt im Leben noch vieles zu entdecken!

Ein Anderes-Nicht-Prinzip

Das obwaltende Prinzip:
Verscherbeln und Verschandeln,
das meistens die Geschichte schrieb,
muss sterbeln, sich verwandeln,
damit ein Anderes - Nicht - Prinzip
die Oberhand gewinnt im Handeln.

Dies ist das sich aufrichtende
Wandeln durch den Lebensgang,
das sich sanft verdichtende
Handeln im Zusammenklang,
das Auf-Sich-Verzichtende
im gemeinsamen Gesang.

Von Fall zu Fall gewahren,
was hier und jetzt von Dir verlangt,
Dich nicht entzieh`n, Dich aufklaren,
woran es jetzt gerade krankt.
Handle, trotze den Gefahren,
damit es seine Heilung
Dir mitver-
dankt!

Ein
gar nicht so
seltener Tor

Schau` an, wie er sich selbst betrügt!
Schon wieder hat er, arg beflissen,
vernarbte Wunden aufgerissen
und neue noch hinzu gefügt.

Gewahrt er nicht, wie er sich quält,
wenn er längst Ausgestandenes wählt,
um es noch einmal auszustehen,
erneut sich darin zu vergehen.

Bis es ihn schmerzt, mehr als zuvor!
Was bannt ihn bloß, lässt ihn nicht ruh`n?
Was treibt ihn an zu solchen Tun?
Was ist er für ein seltener Tor?

Ein-Halt

Halt an! Halt ein! Erfahre!
Die Welt gibt keinen Halt!

Halt an! Halt ein! Gewahre!
Was Halt gibt, wird nie alt!

Halt an! Halt ein! Aufklare,
den Halt, der sich Dir zeigt!

Halt an! Halt ein! Und gare
im Halt, der in Dir schweigt!

Halt an! Halt ein! Gewahr` es bald:
Was kommt und geht,
gibt keinen
Halt!

Ein jäher Riss im Hintergrund

Schau` achtsam in den Hintergrund.
Gewahre, was tut sich Dir kund.
Ein jähes Licht im Dunkelrund.
Ein lichter Riss, ein neuer Fund:

Der Hintergrund ein Hirtengrund.
Der Untergrund ein Wunder-Grund.
Der Vordergrund ein Foerdergrund
im fordernden Rund-Um
des Lebens.

Ein Jetztseits-Widerfahnis

Ein Präsenz-Widerfahrnis,
das Gewahren des Ungeteilten
Ganzen und von ihm aus
das Gewahren all` meiner
Trennungen und meines
Trennungsglaubens,
ein
Jetztseits-
Widerfahrnis,
ein Ankommen
im Jetztseits!

Ein Leben lang *oder: Transformation (Lied)*

Refr.: Bevor es zu spät ist,
wandle Dich, wandle Dich! (2 x)

1. Str.: Ein Leben lang verbarg er sich
in Nich-tig - Wich-tig-kei-ten.
Ein Leben lang verdarb er sich
die ihm geschenkten Zeiten.

Ein Leben lang versucht` er sich
in selbst verdrehtem Lebensplan.
Ein Leben lang verbucht er sich
und merkt nicht seinen Größenwahn.

Ein Leben lang beendet sich
schon bald, die Zeit wird karg.
Darum, oh Mensch, beeile Dich,
werd` still, gewahre, was Dich barg.

2. Str.: Was Dich schon immer unerkannt
und ungenannt mit Leben speist
und Dich noch lichten wird,
wenn Dich der Tod zerreißt.

Darum besinne Dich und weite
die Tore selbstgewählter Haft,
und lass` Dich ziehen, bereite
Dich vor auf neue Wanderschaft.

In ungeahnte Licht~ge~fil~de,
in denen Du verwandelt wirst.
In denen Du mit sanfter Milde
gekleidet wirst als Lebensfürst.

3. Str.: Du wirst dann lange weinen müssen,
weil Du so vielem nachgerannt.
In Tränenbuße wird sich lösen,
was Du zu lange nicht erkannt.

Doch nach der Qual im Trauertal
wirst Du den Gipfel finden
und dort an seinem Traualtar
vereinigt DICH entbinden.

*(Auch als Lied im Music-Textival „Umkehr-Kurs"
in "Lasse Los: Seid Ihr noch zu retten!" mit Noten und
Akkordsymbolen im Liederbuch: Lasse Los: ...da muss doch
noch LEBEN ins Leben rein!" - Hörprobe auf meinem
Youtube-Kanal WISDOM FOR FUTURE)*

Eintritt
ins dankende
Gewah-
ren

Denkend
distanziere ich mich
immer tiefer, immer weiter,
tanz` die Urdistanz,
werde weiser
bis ich
dankend mich
vom Denken distanziere
in dem Tanze des Gewahrens,
der mich, Distanzierten, allem
mehr verbindet in Erhabenheit.

Eisig Einsam

*Dir selbstgefallend haust
in Deinem Herzen ein Gefrieren,
das Dir aus flücht`gem Dunste
Eisblumenwelten formt,
in denen Du
der Kaiser
des frostigen Geschehens bist.*

*Doch wehe, wenn die Welten tauen
und Dich ein laues, zartes Wehen
vom Kaiserthrone schmilzt!
Wie wird Dir dann vergehen
Dein eisiges Gekaisere?!*

*Ob Du Dich
wiederfinden wirst,
herausgetaut, herausge-
traut aus schuldiger Vereisung,
im Miteinander - Sonnenreich?*

Ent-Lastung

Die Last, die Ihr mir aufgebürdet habt,
die Doppellast von Zuckerbrot und Peitsche,
als Eltern, die es gut gemeint, als Deutsche
nach letztem Krieg, in dem Ihr alles gabt:

Die Last, die Ihr auch schon seit Eurer Frühe
als deutsches Joch auf Euren Schultern tragt,
die Last, die beugt mich, frisst in mir, sie plagt
mich weiter noch trotz mancher Heilungsmühe.

Ich hab` versucht, sie von mir zu entfernen,
hab`sie verflucht! Doch war dies zu nichts nütze!
Wie ich vor ihrem Übergriff mich schütze,
das muss ich noch behutsamer erlernen.

Wenn ich sie ohne Absicht nur gewahre,
erwartungslos, bewertungsfrei, so fällt sie bald.
Erlöst bin ich von ihrer würgenden Gestalt,
zumindest für die Zeit, in der ich so verfahre!

Erwachsen werden

Verbirgst Du
noch vor Dir, was
Dich oft beugt und biegt?
Borgst Dich woanders her?
Beugst Dich, biegst Dich
und spürst doch, selten nur,
tief-tief in Dir verborgen
den Bürgen Deiner
SELBST,
den
Birger
königlich.
Verbürge
Dich
für
ihn.
Herberge
wird er sein. In
ihm bist Du geborgen,
mit ihm wirst DU geboren.

(Für Birger)

Ernste Frage

Und
Du erwachst
und Du gewahrst,
Du lebst auf Kosten
anderer, die
dafür
darben
müssen.

Was tust Du dann?

Erwacht aus Traumwelten

Wer kurz erwacht zum ganZEN LEBEN,
der fühlt sich fremd in seiner Welt.
Sie zeigt sich ihm, dem Traum ergeben,
der sie in seinem Banne hält.

Ach, würde sie doch auch erwachen
und sich im Wachsein selbst gewahren!
Sie könnte endlich das entfachen,
was sie gesucht im Traumgebaren.

Das LEBEN ohne Wenn und Aber
ist ihr versprochen, wenn sie bald
erwacht aus allem Traumgewaber
zur eingebor`nen Plusgestalt.

Doch gähnt sie dumpf nur aus dem Rachen
und fühlt sich wohl in ihren Räumen.
Sie will noch lange nicht erwachen,
lädt alle ein zum Weiterträumen.

Wer kurz erwacht zum ganZEN LEBEN,
der fühlt sich frei in seiner Welt,
die vor ihm liegt, noch traumergeben,
und sich im Traumgebannten wellt.

Es
berührt
mich Freundlichkeit

Es berührt mich Freundlichkeit
für all` das, was mich umstellt.
Ich gewahre, wie die Zeit
stehen bleibt und
Wache hält.

Sie bewacht
ein Liebeswerben, das
mein Innerstes durchdringt.
Ich soll jene L I E B E erben,
die auch mit dem Feinde singt.

Staunend halt ich inne, schau, wie
die Welt sich um mich wandelt,
ohne dass ich sie behandelt.
Und im
Durchatmen vertrau ich
dem, was sich mir offenbart
in solch` wunderbarer Art.

Es blieb ihr viel erspart!

Sie merkt nur, wie sie wirken will,
nicht aber wie sie wirklich wirkt.
Und merkt nur, was sie merken will,
doch nicht, was sie tatsächlich würgt.

Ihr Mann jedoch, der sanfte Bill
erspürt, wofür sie sich verbürgt
wenn sie sich vor
SICH-SELBST verbirgt
in dem bemühten Wirkedrill.

Was kann er tun, dass sie gewahrt,
wie sehr sie sich doch selbst verwürgt,
indem sie sich ihr SELBST verwirkt.
Es blieb ihr dann soviel erspart!

Es hilft Dir nur die Achtsamkeit

Du solltest Deine Seelenschmerzen
nicht voreilig betäuben.
Und gegen den Verriss im Herzen
sollst Du Dich auch nicht sträuben.

Es hilft Dir nur die Achtsamkeit,
das wertfreie Gewahren.
Es zeigt Dir, wo Du Dich verfahren
und löst in Dir den alten Streit.

ES IST einfach DA

Im Haben ist ES nicht zu haben.
Zu haben ist ES nicht im Sein.
Im Haben scheint ES vielfach durch.
Im Sein, da ist ES einfach DA.

Es ist wichtig!

Es ist wichtig, wenn Du Dich
als Knotenpunkt im Gewebe
von Beziehungen einwebst
und auch definierst.
Es ist wichtig,
doch es reicht nicht!

Es ist wichtig, wenn Du Dich
als un-ver-wech-sel-ba-res
In-di-vi-du-um erlebst
und auch definierst.
Es ist wichtig,
doch es reicht nicht!

Es ist wichtig, wenn Du Dich
im Sowohl-Als-Auch gewahrst
und Dich nicht – voreilig –
mit Entweder-Oder narrst.
Nur so ist es wichtig
und so reicht es
offensicht-
lich!

Es könnte doch sein (Lied)

Refr.: Es könnte doch sein,
dass wir noch erwachen,
bevor wir das Unheil
endgültig entfachen.(2x)

1. Str.: Uns schleunigst besinnen,
wie wir ihm entrinnen,
dem Untergangsrachen,
in dem wir beginnen,
nicht nur im Machen
uns selbst zu gewinnen,
vielmehr durch Gewahren
uns Leiden ersparen.

2. Str.: Sind wir denn von Sinnen,
dass wir uns entrinnen
und flüchten, uns winden
im Untergangskünden,
anstatt uns zu binden
an jene Bewahrung
des Lebens als Nahrung
für neues Beginnen?

*(Lied mit Noten und Akkordsymbolen im
Liederbuch: Lasse Los: ...da muss doch noch
LEBEN ins Leben rein!" BoD Norderstedt 2017)*

Es schmiedet Dir im Dunkel Deiner Seele

Es schmiedet Dir im Dunkel Deiner Seele
ein finsterer Schmied die düstere Lebenssicht.
Er hämmert sie Dir häufig in die Kehle.
Sie kündet uns von seinem Schmiedsgericht.

Du lieferst Dich ihr aus in ihrem Klagen,
denn damit bannst Du Dich und Deine Welt.
Beherrscht von ihr mit düsterem Behagen,
bist Du empört, wenn man nicht zu Dir hält.

Gewahre doch, wie sehr Du Dich betrügst,
lässt Du Dich weiterhin vom Düsteren betören,
und wie Du Dich dauerhaft belügst,
fängst Du nicht endlich an, damit aufzuhören.

Es lichtet Dich

Es lichtet Dich ein noch verborg`nes Leuchten,
aufrichtet Dich in Deiner Plusgestalt.
Verschattungen, die es bisher verscheuchten,
verlieren ihre streunende Gewalt.

Und plötzlich bricht es ein, das große Staunen,
wenn Du das Leben als Geschenk gewahrst.
In Wellen brandet an ein lichtes Raunen,
in dem Du neu beschenkt im Jubel garst.

Ein Glück, dass Dir dies` manchmal widerfährt!
Lässt Du es sein, wird es Dich weiter lichten,
und die Gewissheit wird sich Dir verdichten:
Süss-bitt`rer Most, er wird zum edlen Wein bekehrt!

Ich glaube, Du bist auch dazu geboren,
präsent zu sein, die Welt als ein Präsent zu schau`n
Dich labend, darin aufzubau`n und neu gegoren
dieser Welt auch Dein Präsent zu sein.

Es winken noch ganz andere Weiten

In den wechselnden Gezeiten
winken noch ganz andere Weiten,
als Du bisher angenommen,
weil`s nicht anders überkommen.
Wenn Du Dich nicht dauerdimmst,
ihre weisen Winke wahrnimmst,
wirst die Weiten Du gewahren,
die sich jetztseits offenbaren.
Was Du nun erfahren wirst,
scheint bedrohlich, denn
es birst jede sichernde
Struktur.
Doch
D e i n
D u r c h -
B r u c h aus
dem Ur-Vertrauen
richtet jäh Dich auf
im beschwerten Lebenslauf.

Evolutive Revolution

Die
größte
Kränkung
für unser westlich-
abendländisches Welt-
verständnis ist die Einsicht,
dass Gewahren ohne Bewertung,
Erwartung und
Befürchtung
in der Lage ist,
Alles-Entscheidende
aufzuklaren ohne den
abendländischen Umweg
über das Denken und/
oder das Offenbaren.

Existenz-Verweigerung

Was bist Du bloß für eine Tulpe?
Du weigerst Dich, Dein Tulpe-Sein
zu überstehen, sein Auf und Ab,
sein Blühen und Vergehen.

Stattdessen verkriechst Du Dich
im Tulpenzwiebelinnenraum und
träumst dort unberührt den Traum
vom immerwährenden Nur-Blühen.

Merkst Du denn nicht, wie Du Dir selbst
im Wege stehst? Spürst Du denn nicht,
wie Du im Zwiebelsarg vergehst?

Gewahrst Du nicht, wie mehr und mehr
Du so verwehst und schon verblüht
bist ohne je geblüht zu haben?

Fesselfrei im Weltenbrei

Wenn die Fesseln sterben und zerbrechen,
die Dich jahrelang gefangen hielten
in dem Eingegrenzt-nur-Deinigen,
wirst Du dann ihren Tod beweinen,
trauern um vergangene, lahm-
gepresste Lebensengen, wirst
Du Dich sehnen nach den
gesicherten Fängen, oder
wirst Du ihren Tod gewahren
wie ein fremdes Trauerspiel,
konsumiert im heimischen Theater
ohne viel Beteiligung Deinerseits,
oder wirst Du in ihrem Tode auferstehen,
Dich aufrichten und, wenn auch leidend,
auf Dein altes Fesseldasein endgültig verzichten,
es vernichten lassen im Absterben und Dich
weiterhin aufrichten in entfesseltes
neues Werben um Lebendigkeit,
die Dich immer mehr Von-Dir
entfesseln will, damit Du
fesselfrei im Weltenbrei
dem Eintopf widerstehst
und Dich bemühst um
angemessenere Gerichte.

Förderliche Hindernisse

Immer
wieder grüßen
meine Grenzen mich.
Doch ich gewahre kaum
ihr weisheitliches Lächeln ob
meines unbegrenzten Lebenswahnes.
Und manchmal, wenn sie mich besuchen
in meiner Weltenungeschiedenheit
und ich sie murrend doch erhöre,
dann ahne ich, sie hindern mich
ganz förderlich und helfen
mir und schützen mich
so vor mir selber in
meiner grenzen-
losen Lebens-
gier.

Forteilen mit den Vorteilen

Im Ego-Blick die Intention:
Sofort, sofort nur forteilen mit den
ureigenen Vorteilen in jeder Situation!

Und niemals in ihr nur verweilen,
um sie als Ganze zu gewahren
in ihrer Widersprüchlichkeit.

Denn darin lauern die Gefahren,
zu schauen, wem man sich geweiht:
Dem eil - fertigen E g o - K n i c k.

Er kann nur wirbelnd um sich kreisen.
Hält man ihn an, wird er verwaisen
und sterben dann im Umkehrblick.

Für ihn, da gibt es ein Zurück
in das verblickte Ego - Glück
nur durch den Griff zu jenen Hebeln,
die Umkehr schleunigst zu vernebeln.

Für ein leidgestilltes Leben

Deine Sicht
erzeugt das Leiden,
das zu heilen sie verspricht.
Du kannst dieses nur vermeiden,
stellst Du Dich dem SELBST-Gericht.

Und gewahrst in Achtsamkeit
und in stiller Offenheit
den fatalen Sicht-Betrug
durch den falschen Selbstbezug.

Ohne Vorwarnung ein Wahnriss
mit bru-ta-ler Ve-he-menz:
Du erwachst im Widerfahrnis
jener heilenden PRÄSENZ!

Sie durchlöst Dir alle Sichten,
die in ihrem Licht sich wandeln
und hilft Dir, Dich aufzurichten,
aus der Plus-Haltung zu handeln
für ein leidgestilltes Leben.

Gebunden und umfangen

Ich bin raumzeitlich eingefangen
in grundhafte Gebundenheit.
Zugleich bin ich umfangen
von grundfreier Anwesenheit.

Seh` ich mich nur als eingebunden,
muss gnadenlos ich mitleben.
Seh` ich mich auch als vorgefunden
im sanften kaum merklichen Weben der

WIRKLICHKEIT, die mich umfängt,
so darf ich leben, zeitbefreit,
in grundfreier Anwesenheit.

Gewahre ich mich als bedingt
und gleichzeitig im Grund befreit,
so kann ich leben in Raum und Zeit!

GEIST-Verflüchtigung

Kopf-
über und kopfunter
und kopflos und putzmunter,
so köpfen sie schon lang`
den G E I S T:

Sie schröpfen
ihn, bis er vereist und
sie verwaist verkopfen,
sich ihren Kopf   ver-stop-fen
mit geistlos Nichtig-Wichtigem,
in dem sie das verflüchtigen,
was in sie eingelesen:

Das GEIST-begabte-WESEN,
im Leben auch präsent/
Präsent-zu-
sein.

Gelebter Glauben

Gelebter Glauben:
Bruchstückhaft aufleuchtendes,
eingefärbtes Gewahren
des
BLANCO - JA
im Alldurchwaltenden
von ihm her zu Dir und mir und
verantwortungsvoll gewagtes,
antwortendes
Ja zum
BLANCO - JA
des Alldurchwaltenden
und geschenktes, gesegnetes
Mit-Walten im Walten des
Alldurchwaltenden.

Genau betrachtet

Genau betrachtet ist`s geschenkt:
Das Leben, das Euch oft so anstrengt
und Eure Wünsche häufig einschränkt.

Doch wenn die Sicht Ihr einmal schwenkt
und schaut das Leben als geschenkt,
wird sie als Lastensicht gesprengt,

die Einsicht Euch tief eingesenkt:
Leben ist primär geschenkt.
Erwacht und schaut!
Gewahrt! Gedenkt:

Genau
betrachtet
ist`s geschenkt:
Das Leben, das Euch
oft so anstrengt und Eure
Wünsche häufig einschränkt.
....

(Endlosgedicht)

Das Gesicht gewahren

Sie sucht noch
ein Gesicht zu wahren,
das doch ihr eigenes nicht ist,
ein damenhaftes Fremdgebaren
im hart durchkämpften Lebenszwist.

Wann wird ihr die Visage brechen,
ihr eigenes Antlitz für uns leuchten?
Muss sie denn erst das Leiden stechen,
um die Zerkrustung zu durchfeuchten.

Ich würde es ihr gern ersparen,
könnt` ich sie doch dazu verlocken,
jetzt bei SICH-Selber anzudocken:

Um all` das dämliche Gebaren als
fremdbestimmt zu überwinden.
Nur so wird sie SICH-
SELBER finden!

Gewahre Dich gehalten

Gewahre,
was Du hasst
und was Du alles
halten willst.

Gewahre,
was Du bist
und was Du wohl
bewahren willst.

Gewahre,
wer Du bist und
wie Du immer schon,
trotz alledem, gehalten
und bewahret wirst.

Gewahrungsoffenbarung

Wer sein Hirn sich selbst verdreht
und verschließt vor dem Geheimen,
wer sich selbst nur zugesteht,
sich die Welt zurecht zu reimen
nach den messbaren Daten
ohne Rücksicht auf Erfahrung,
wird - so abgeschirmt - entraten
der Gewahrungsoffenbarung.

Im Gewahren in der Stille
löst sich auf, was geistig bannt.
Es zerfällt die Sichtenbrille
und so manche Nebelwand.
Und es lichtet sich die EINSICHT
in das Leben, WIE ES IST,
wenn das Ungenannte einbricht
in den zerebralen Zwist:

Selbst das Hirn sich zu verdrehen,
zu verschließen dem Geheimen,
selbst(s)ich darin zu vergehen,
sich die Welt zurecht zu reimen
nach den messbaren Daten
ohne Rücksicht auf Erfahrung
solcher EINSICHT im Entraten
der Gewahrungsoffenbarung.

Wer sein Hirn sich selbst verdreht,
sich probiert am Geheimen,
wer sich selbst daran vergeht,
dieses sich zurecht zu reimen
mit den religiösen Paten
und es preist als Offenbarung
ohne Rücksicht auf Erfahrung,
wird - so eingefärbt - entraten
jener EINSICHT, dieser klaren,
in Gewahrungsoffenbarung.

Gewahren und bewahren

Gewahren,
was zu bewahren ist,
und sich bewähren
im Bewahren.

Gewahren, was das Wissen schafft

Wenn zeitgemäße Wissenschaft
uns systematisch Wissen schafft,
verschafft sie uns die Wissenskraft,
uns systematisch abzuschaffen,
wenn wir, die Nachfahren der Affen,
nicht endlich Klarheit uns verschaffen,
dass wir bei aller Wissenschaft
gewahren, was da Wissen schafft.

Gewahren

Gewahren
hilft Dir aufzuklaren.
womit Du Dich vernebelt hast.

Gewahre,
was Dich überrollt

Gewahre, was Dich überrollt,
wie unbewusst Du es gewollt
und ihm, wie stets, Respekt gezollt,
seitdem es Dich schon überrollt.

Gewahre, dass es in Dir grollt,
weil eigentlich Du`s nicht gewollt,
und es nun endlich aufhören sollt`,
was Dich trotzdem noch überrollt.

Gewahre dies, was da so tollt!
Gewahre es, bis es sich trollt!

Gewahrsam - Gewahrsein

Im Gewahrsam seiner Sichten
krei~ste er ge-hor-sam
von Wand zu Wand.
Im steten Treiben
bewährte er sich,
bewahrte sich vor
freiendem Gewahren.
Doch auch sein Kreisen bricht,
gewährt wird ihm ein banges Horchen.

G e w a h r t   e r   n u n ,   w o r u m   e s   g e h t ?

Gewahre nur, ohne Bewertung und Erwartung.
Stille Bewahrung geleitet Dich aus
taub dumpfem Gewahrsam
in lichtendes Gewahrsein.

Ob Du Dich
wohl ergreifen lässt
und ziehen und bereiten
und wandeln wirst
in Jenem?

Gewahrsein

Will sich ein Messer selbst gewahren,
so muss es schneiden, schneiden, schneiden:
Und dabei wach und achtsam meiden,
sich im Geschnittenen zu erfahren.

Gewahrsein entlässt aus Gewahrsam

Das
Gewahr-
sein
des Haftens am Verstrickenden
entlässt aus dem
Gewahrsam
des Haftens
am Verstrickten.

Gewahrsein und Denken

Das Denken kreist im denkenden
Gewahrsam.
Es denkt die Grenzen seiner Haft
und über sie hinaus.
Es denkt die Freiheit, doch es bleibt
im Denkenden verhaftet.

Nur wenn Du im Gewahrsein
das Denken als Gewahrsam durchschaust,
bist Du im Nu aus aller denk-
verrenkten Zeit befreit.

Gewissheit, dass Wohl-
Wirklichkeiten uns
überschreiten

Wir können
nicht zurückkehren
zu jenem Fest-Geglaubten-
Gott der verschiedenen Traditionen.
Die Sicherheiten alternden Geglaubes,
sie sind gebrochen - Gott-sei-Dank!

Doch können wir uns hinkehren,
diesseits ersehnter Sicherheiten,
zu der Gewissheit, dass uns
Wohl-Wirklichkeiten
über-
schreiten,
die transzendent
sind, unzugänglich für
unser eingegrenztes Hirn.

Es sei, sie offenbaren sich
uns menschenhirngemäss in
Chiffren und in Gleichnissen,
dass wir ihr Licht im Spektrum
der eingeborenen Farbigkeit
menschengemäss gewahren
und uns in ihnen aufklaren
zu einem intensiveren und
selbstbefreiten Miteinander.

ABER GLAUBEN an die Wissenschaft

Wenn Wissenschaft gewissenhaft
uns systematisch Wissen schafft,
befreit uns ihre Wissenskraft
aus irrgläubiger Wissenshaft.

Doch wenn die
gleiche Wissenschaft
uns nun betört mit neuer Haft
im Glauben an die Wissenschaft,
wird`s Zeit, dass wir gewissenhaft
gewahren, wie die Wissenschaft
uns neuen Aberglauben schafft.

Gleichnis von der Fisch - ART

Es lebt
ein Fisch im Wasser,
ein ganz gewöhnlich blasser,
durchschwimmt die Wasserwelt,
tut nur, was ihn erhält.

Es lebt ein and`rer Fisch im Wasser -
geistesfrisch - betrachtet den Genossen,
wie dieser unverdrossen sich nur im
Fischhaften verliert, was ihn als
Denker amüsiert.

Es lebt da noch ein Dritter, ein Fisch, ein
GEISTES-Ritter, der aus dem Wasser
springt, sich EINSICHT so erringt
in jene Welt der beiden,
die es in ihr vermeiden,
das Wasser
als Wasser zu gewahren.
Nur ihn
weckt jener Geistes-Zisch
im urplötzlichen Aufklaren:
Der Denker und der Lebefisch,
sie
komponieren   sich die Welt
wie Ihre-   ART sie je
ver-   stellt.

Glau-
ben-s-Leben
des
Anarchen

Wartend Waltendes gewahren
und gewahrend
und
wartend im
Waltenden mitwalten.

GOLDENER EINSCHNITT

Das Leben
als ein Einschnitt
beschneidet überall.
Bringst Du Dich ein
und hältst Du
Schritt,
gewahrst Du in so manchem Fall: Das Leben ist auch goldener Schnitt,
der Dich nur dann beschneidet, wenn Du Dich bloß im eigenen Tritt
verlierst. Denn dann verleidet es den zu engen
Selbstbezug, drängt Dich, jetzt
zu entscheiden, den
falschen Weg
zu meiden.
Errettet Dich
vor Selbstbetrug,
wenn Du bereit bist
hinzuhören, der Selbst-
verblendung abzuschwören.

Halt an! Kehr` ein! Gewahre!

Halt an! Kehr` ein! Gewahre!
Und es ersteht Dir ein Geschehen,
ganz nebenbei, wie aus Versehen!
Und es geschieht Entscheidendes!

Halt denkend ein, gewahre!

Halt denkend ein, gewahre,
in welch` eine Verbannung
Du denkend Dich verrannt
in Deiner re~fle~xi~ven Sicht
von Welt und Mensch und Leben.

Halt denkend ein, gewahre,
in welch` eine Verspannung
Du denkend Dich gebannt
in dem verhirnlichten Verzicht
auf Welt und Mensch und Leben.

Halt denkend ein, gewahre,
in welche Selbstvergötterung
Du denkend Dich gesandt,
Dich auserwählt erlebst als Licht
der Welt, der Menschen, des Lebens.

Heimkehr zum Ursprung

Ich kehre heim zu meinen tiefsten Wurzeln,
die ins Gewahren des Präsent(-)seins führ`n.
Die andressierten Sichtprogramme purzeln.
Sie werden ihre Deutungskraft verlier`n.

Es reicht nicht aus, die Farben nur zu seh`n
und sie in ihrer Farbigkeit zu preisen,
wenn man nicht weiß, dass sie aus Licht besteh`n
und deshalb über sich hinaus verweisen.

Der Ursprung aller Farbigkeit ist Licht!
Und ihn will ich im Farbenrausch gewahren!
Ich will mich nicht in Farbigkeit verfahren,
damit mir mein Präsent(-)sein nicht gebricht.

In farbiger Präsenz zeigt sich der Ursprung:
Das Licht in Transparenz mit seinem Urschwung.

Hilf-
reiche Resonanz
in gesunder Urdistanz

Wenn ein Mensch mich kontaktiert,
wer-de ich kon-ta-mi-niert von
den selbstgezeugten Zwängen,
die ihn gnadenlos bedrängen.

Doch um mich davor zu schützen
und ihm gleichzeitig zu nützen,
stell` ich mich der Resonanz
in gesunder Ur-Distanz.

Höre zu und schaue hin
und gewahre den Gewinn,
den er aus dem Leiden zieht,
wenn er vor dem Leben flieht.

Entdeck` mit ihm die Fehlstellung
bei der Gestaltung seiner Welt
in zugewandter Sichterhellung
von allem, dem er sich enthält.

Nur was er selber einsieht, kann
ihn lösen aus der Zwänge Bann,
ihm heilsame Impulse schenken,
ins Lebenswerte einzuschwenken.

Hölderlin und ich

„Ein Bettler ist der Mensch,
wenn er denkt, ein Gott,
wenn er träumt."
(Hölderlin)

Meine Erwiderung:
„Ein Bettler ist der Mensch,
wenn er denkt und ein Menschen-MENSCH,
wenn er gewahrt und PRÄSENT(-)IST!"

ICH BIN

I C H lebe auch
in Raum und Zeit, in endlicher Dinghaftigkeit.
Und B I N doch
mehr als endlich, als dinghaft gegenständlich.
Schon deshalb, weil ich Raum und Zeit
in ihrer engen End-lich-keit
gewahren kann.

Ich bin frei!

**Ich
bin frei!**
Ich kann es mir
erlauben,
materielle Ansprüche zu senken.
Ich bin frei!
Ich brauch` es nur zu glauben: Wesentliches wird sich
täglich schenken!
Ich bin frei!
Ich kann darauf verzichten, mich in Euren Weisen zu verkleiden.
Ich bin frei,
mich nicht nach Euch zu richten, Euren Wohlstandswucherwahn
zu meiden.
Ich bin frei!
Ich häng` an keiner Richtung! Ausgerichtet war ich lang genug!
Ich bin frei!
Ich leb` auf off `ner Lichtung und gewahre so manchen
Schattentrug.
Ich bin frei!
Ich finde die Befreiten, die in Achtsamkeit schon
miteinander
leben.
**Ich
bin frei!**
Ich werd`
in ihren Breiten
mich in Aufrichtung
mit ihnen erheben, meine
Freiheit mit der ihren verweben,
um verantwortete Räume zu erstreiten.

Im
Angesicht
des
Todes

Dein
Tod lässt
mich jetzt innehalten!
Mir wird gewahr: Ich lebe noch!
Ich kann so vieles mitgestalten,
wenn auch bedingt
durch
jenes Joch,
dem alles Leben unterliegt
in seinem bunten Zeitenkleid
und seiner strikten Endlichkeit.
Im Angesicht des Todes wiegt
es schwerer als es sonst erscheint.

Im Ermessen meiner

Wenn ich das EINE still gewahre,
und es nicht gleich vereinnahme,
so führt es mich zum
unerwartet ANDEREN
und wie der Weg dann weiter geht,
liegt nicht mehr im Ermessen meiner.

Im Fallen getragen sein

Im Falle
Deines Fallens
wirst Du auf jeden Fall getragen sein,
auch wenn Du es nicht gleich gewahrst.

Drum lass Dich nicht im Fallen fallen!
Finde vielmehr Gefallen am
Tragik-Tra~gen~den,
nicht   nur   im
Falle Deines
Fallens.

Im
Gewahrsam
der
Jugend

Im
Gewahrsam
meiner Jugend
ein Gewahrsein.

Jetztseits offen
im Getroffen.

Hingehorcht
und ge-
horcht.

Und
es
gut
ange-
troffen

mit jener,
die bei mir
eingetrof-
fen.

*(Für Ilona als
Dank ans Schicksal)*

Im

Gewahrsein

des Gewahrsams

zum Wahrsein

gelangen!

Imperativ des Gewahrens

D
e
n
ke
nicht:
Gewahre!

Schaue hin! Höre hin!

Spüre, spure und versprühe,
was im Schauen,
Hören,
Spüren
sich Dir
offenbart!

(Analog zum Aphorismus:
„Denk' nicht, sondern schau!"
von **Ludwig Wittgenstein** - *Philosoph)*

Im Plus-Fluß

Im authentischen Gewahren
schmilzt Dir eisiges Gebaren,
alles nur bei Dir zu halten,
zu verwahren, zu verwalten
und darin zu erkalten.
Und
es waltet
Dir ein Tauen,
und es weht Dich
ein Ver~trau~en an
und nährt Dich,
lehrt Dich Schauen
und Be-grei-fen,
lässt Dich reifen,
klart Dich auf
und geleitet
Dich in den
Plus-Fluß,
der Dich
weitet und
begleitet im auf-
lichtenden Gewahren.

Im Resonieren leben

**Nicht
am Raisonieren
kleben,
sondern im
Resonieren leben.**

In der Dialektik Deiner Hektik

Keine
Zeit! Keine Zeit,
gründlicher zu kauen!
Keine Zeit, das kaum Zer-
kaute in Ruhe zu verdauen!
Keine Zeit im Hamsterrad!
Dauerstress meist zum Quadrat!

Und dann wunderst Du Dich noch,
dass so manche Zeitgenossen
Dich als todesernsten Possen-
spieler sehen und Dich in
der Dialektik Deiner Hektik
als Dünnschisskreatur gewahren
und angewidert von Deinen nekrophilen
Attituden, sich nicht mehr um Dich scharen.

In der Stille

In der
Stille wird das Harte
und das Grelle in Dir laut,
das Du meist nach außen trägst,
weil`s Dir vor ihm in Dir graut.

In der Stille wird das Harte
und das Grelle in Dir weichen.
Lässt Du es gewahrend sein,
wird es sich davon
schleichen.

In
der Zwo-
Drei-Achtel-Welt

In Eurer Zwo-Drei-Achtel-Welt
wird jener nur von Euch beachtet,
der sich ans Zwo-Drei-Achtel hält,
sich Euch - ge-ach-telt - zugesellt,
und mit entfacht, was Ihr entfachtet.

Doch wer sich dem Acht-Achtel stellt,
der wird Euch fremd, gilt als umnachtet,
weil aus der Zwo-Drei-Achtel-Welt
er längst herausragt, Euch verprellt
in dem, wonach Ihr immer trachtet,
wenn Euch das Zwo-drei-Achtel wellt.

In die Freiheit kippen

Gewahre jede falsche Sicht
als falsch! - Und sie zerbricht!
Sie löst sich auf und schmilzt dahin.
Du kippst in den befreiten Sinn
im achtsamen Gewahren.

(frei nach Krishnamurti)

Individuation

Das
vermeintlich
sichere Leben als
zu tiefst halbiert gewahren
und im abgespalten Beben des
Verdrängten leidvoll garen.

Mit Bewusstheit aushalten,
wenn sich Schatten integriert,
und geläutert neu gestalten,
was zum Ganzen-
Leben führt.

Ins Denkbefreite locken

Das stetig denkhungrige Hirn
verlangt nach neuen Denkgestalten.
Es spinnt, stets frisch, Gedankenzwirn,
um sich das Denken zu erhalten.

Es sichert sich im Eigensinnen
die zeitverhaftete Struktur.
Es will
Unendlichkeit gewinnen
im Überleben nach der Uhr.

Zerbricht die Zeit, hält es erschrocken
im Denken inne und gewahrt
präsentisch-off `ne LEBENSART:
Sie will ins Denkbefreite locken!

Jäh!

Urplötzliche Durchkreuzung meiner Wege,
der Drei-Sekunden-Stillstand meiner Welt,
in der das Vorgeplante mir entfällt,
durchlichtet jäh das dämmerige Gehege.

Jetztseits hebt ein Jubel an

Jetztseits hebt ein Jubel an,
und es tanzen meine Ketten,
lösen sich aus ihrem Bann,
und ich tanze mit.

Wir retten uns aus heimatlicher Haft,
die uns lange schon beherbergt,
lassen uns von Jubelkraft
jetzt durchdringen.

Sie bestärkt das Verlangen, uns zu
lösen aus vertrauterem Gewahrsam
und uns nicht mehr lahm zu dösen,
zu erwachen ins Gewahrsein.

Jetztseits hebt ein Jubel an,
dem ich stets vertrauen kann!

Jetzt schau ich

Jetzt schau ich die Probleme an
und ihre Gründe im Vergang`nen.
Jetzt schau ich Lösungen mir an
und die Entfaltung im Zukünftigen.

Jetzt schau ich mir das Jetztseits an
und fließe jetztwärts, werde jetzt
und bin präsent und schau im Nun
zukünftige Probleme im Vergang`nen,
vergang`ne Lösung im Zukünftigen und
jetzt hier weiter pulsendes Präsent(-)sein.

Jetztseits echtwärts

Echtwärts wandern wir, jetztseits gezogen,
viele verirren sich, knechtwärts betrogen.

Vereisen im Knechtseits, in Abwärts-Räumen
und ahnen ein Echtseits nur selten, in Träumen.

Und sehnen sich echtwärts in manch` Augenblicken,
wenn sie sich nicht knechtwärts wahnhaft entrücken.

Sie retten kann Jetztseits, wenn sie es zulassen.
Es wird sie neu betten, sie echtseits erfassen

und echtwärts wegweisen in Aufwärts-Gefilde,
sie knechtseits entketten, damit sie enteisen
zum Mensch-Menschen-Bilde.

JETZT-
SEITS aller
Selbstverpfändung

JENES Mich-Durchlösende
ist in der Tiefe mir vertraut.
Doch ES hat im Lebenszwist
selten nur mich auf~er~baut.

Weil ich SEINE Nähe fliehe
und ES deshalb nicht gewahre,
da ich IHM mich stets entziehe,
mich nicht IN-IHM aufklare.

Denn ES würde mich berauben
meiner selbst, in seinen Tänzen
meine Rahmen mir entgrenzen.
Und ES würde mir erlauben,

meine selbstbezogenen Sichten,
meine selbstverliebte Blendung
LEBENSOFFEN auf-zu-lich-ten
JETZTSEITS aller Selbstverpfändung.

Jetztseits leben

**Jetzt-
seits leben!
Ach, so vielen
wäre es gegeben!
Wenn sie sich
nicht
mehr verspinnen, mehr verkleben würden, seitwärts,
zeitwärts sich verdünnen, abwärts rinnen,
ohne zu gewahren, was
sich innen in
der Stille
ihnen
offenbaren
könnte, wenn
sie es nur ließen,
was da sprießen will und
sich erheben: Jetztseits leben!**

Jetztseits BIN ICH FREIgesprochen

Was hab` ich falsch gemacht?

Ich finde mich vorgegeben.
Ich binde mich ein ins Beben.
Ich winde mich durch daneben.
Ich schinde mich ab im Streben.
Ich suche meinen Freispruch,
doch suche ich vergebens!
Am Ende nur Verminderung,
vielseitige Behinderung
und selten einmal
Linderung!

Was hab` ich falsch gemacht?

Doch da, im Scheitern, finde ich
mich ein in neuem Edelsein.
Und gleichzeitig gewahre ich
in einem den Freispruch
als immer schon den meinen,
vom Ursprung her gesprochen
und nur von mir gebrochen,
durch mein Bestreben, unbedingt
ihn selbst zu sprechen und umringt
von mir, auf ihn zu pochen als mei-
nen Haftentlassungsschein, ihn,
den ich nur als Edelstein vom
Jetztseits her empfangen kann
als unverfügbaren Vorspann vor
meinem antastbaren Leben.

Was hab` ich falsch gemacht?

Jetzt ahne ich den Sünden-Bruch,
jetzt mahnt mich der ergangene
Spruch, aus ihm - befreit - zu leben.

Jetztseits-Zipfel

Jetztseits
gewahrt, nur
offenbart sich
mir Heilsam-
Tragendes für
einen kurz-
lang - kurzen
Au-gen-blick.
Vielleicht ist
es ein Zipfel,
der sich
mir,

jetzt
und hier,
inkarnierenden
gipfelfaltigen
Wahrheit?

Kehr` ein in Stille

Halt` an den Lauf und kehre ein in Stille, die
Dich umfängt, durchdringt und Kraft Dir schenkt.
Sie löscht Dir alle Sucht, die Dich verrenkt
und löst Dir die verfärbte Sichtenbrille.

Sie nimmt Dich an die Hand, Du überschreitest
mit ihr die Grenze unserer Alltags-Trance.
Von Dir Entlobtes, gescheitert im Schrei-Test,
erhält in Stille stets eine neue Chance.

KEINFACHES GEWAHREN

Das Denken hat sich ausgedacht!
Das Offenbaren ebbt ins Ende!
In dieser größten Zeitenwende
erscheint uns in rastloser Nacht
in aller Rettungslosigkeit
das keinfache Gewahren,
das Alles uns aufklaren
kann, wenn wir dazu
bereit uns finden,
Abschied nehmen
vom Bisher, stille
werden Mehr+Mehr, uns
im Jetztseits wiederfinden,
im Gewahren uns entbinden von
überholter Glaubenslehre, uns mit
offeneren Rinden neu wappnen gegen
unsere Kehre ins endgültige Verschwinden.

Kopernikanische Wende

Von

„Fordernd leben"

zu

„Foerdernd leben"

Krisen-Heilung

In
der Krise
offenbart sich
das Gewahren als
ein heilsames Verfahren.

Kunst gewaehrt

Kunst
gewahrt die
größte Freiheit,
die man sich nur denken kann, überschreitet
Raum und Zeit und befreit von ihrem Bann.
Kunst gewaehrt, was freiheitet,
wenn man sich ihr achtsam naht.
Wachgeküsst wird man
bereitet für den
künst-
lerischen
Pfad hin zum
Gipfel aller Freiheit.

Langsames Erwachen

DU:
der Du jetzt
erwachst aus jenem
Wahn des Abgedumpft-
Normalen und nun befreiter
schauen kannst, Dir schwant,
Du warst zu lange schon ver-
wahnt: Doch hüte Dich,
zu glauben, Dein jetziges
Erwachen sei schon der
Endpunkt aller Wachheit.

Vor weiterem Erwachen
wirst Du viel warten
müssen, auf - warten
und ab-warten und Dich
dabei verwandeln lassen.

Denn höre und gewahre:
Ein Schmetterling ist
keine Flügel-
raupe!

Lass ab! Lass ab!

Das Wesen
suchst Du stets vergeblich!
Lass ab! Lass ab! Du wirst es nicht erreichen!
Doch ist es Dir im Alltag möglich, im Nun-Sein
auf Dein Wesen Dich zu eichen.

Präsent(-)sein ist der
Schlüssel hin zum Wesen.
Es findet Dich auf Deiner Spur.
Du brauchst es mit Bewusstheit nur
als Dir geschenkten Urgewinn zu lesen.

Präsent(-)sein zu erreichen ist vergeblich.
Lass ab! Lass ab! Du wirst Dich nur verfahren!
Doch ist es Dir im Jetzt-und-Hier wohl möglich,
die Welt ganz ohne Wenn und Aber zu gewahren.

(Für Karlfried Dürckheim zu seinem letzten Zitat:

"Nicht suchen sondern sich finden lassen!"

Analog dazu letzte wesentliche Worte von Karlfried Dürckheim, Psychotherapeut, Zen-Lehrer und Mitbegründer der Initiatischen Therapie, dessen Schriften meinen Weg mit beeinflusst haben, im Gespräch kurz vor seinem Tod:

"Zen ist letzten Endes ein kultiviertes Horchen nach Innen, das immer tiefer und immer tiefer führt und schließlich dort ankommt, wo das ist, was ich das > Wesen < nenne, die Weise, in der das Überweltliche in uns anwesend ist und in uns - ich wiederhole es - und durch uns manifest werden möchte in der Welt. Wobei eine sehr tiefe Erkenntnis mir erst vor relativ kurzer Zeit geschenkt wurde: Man darf nicht nach dem Wesen suchen, ... sondern man muss sich finden lassen. Wir werden gesucht von der überweltlichen Wirklichkeit, die unseren eigentlichen Kern ausmacht und müssen uns finden lassen. Wenn wir sie suchen, schieben wir sie weg. Wir müssen uns finden lassen! Und das ist eine ungeheuer wichtige Erkenntnis, die also sehr vieles umstürzt, was 90% der Menschen tun: Sie suchen brav nach dem inneren Göttlichen! Nein, sie werden gesucht!")

(Ausgestrahlt in der ZDF-Reihe: „Zeugen des Jahrhunderts" 1988)

Leben als Geschenk gewahren

Am meisten beschenkst Du mich,
wenn Du nun Dein Leben endlich
als Geschenk an Dich gewahrst
und es Dir nicht mehr ersparst,
unter all` dem Alltagsdeuten
es als solches ein-zu-läu-ten,
als Geschenk es zu erproben,
vorne, hinten, unten, oben,
als des Alltags Plus-
Gestalt
in
noch
zu
erkun-
dender und
auch zu umrundender
Lebendigkeit in Lebensvielfalt.

Leben als Präsent-Event

Seitdem ich es gewahre als Präsent,
ist mir mein Leben ein besonderes Event.

Ich brauche nicht mehr das, wonach ihr ^brennt
in Eurer Jagd von Event zu Großevent.

Ich lebe mein Leben ganz dezent
als ein besonderes Präsent-Event.

LEBEN im Leben

LEBEN
im Aufleben,
Überleben und Ableben
gewahren, bewähren,
bewahren und
gewähren
lassen.

L E B E N
im Leben erhören?

Und wer nicht gelernt hat zu gewahren
und L E B E N im Leben zu erhören,
wird beim Versuch, sein Leben zu erfahren,
ES doch nur überhören und verstören.

LEBENs-ART der GEGENWART

Am Vergangenen kleben,
im Zukünftigen weben,
geschieht im Jetztseits hier.
Gewahre es, so wirst Du Dir
bewusster, wie Du leben willst,
damit Du es nicht noch verspielst,
das Leben in der Gegenwart,
die LEBENsART in
GEGEN-
WAR
✠

LEBENs-Aufwinde orten

Am Hang ein Paragleiter,
der stetig Höhe noch gewinnt.
Spiralig kreist er weiter im
un-sicht-ba-ren Aufwärts-Wind.

Ich schau ihm zu und hab den Eindruck,
als ob die Schwerkraft jetzt hier spinnt.
Beim Schauen geschieht in mir ein Ruck!
Und es zerbricht, es taut, zerrinnt, was
mich der Schwerkraft überschreibt.

Und ich gewahr` den Geisteswind,
der mich durchweht bei meinem Sprint
durch`s Leben, der mich weitertreibt,
die LEBENs-Aufwinde zu orten
in meinen eigenen Dichterworten.

Lebensleuchte

Du kannst Dein Leben auch verfehlen,
suchst Du das LEBEN zu verhehlen,
das durch Dein Leben leuchten will,
entschieden leise, sanft und still.

Und fragst Du mich,
was denn das LEBEN
nun sei in seinem Mitweben,
entgegne ich: Schau selber hin!
Gewahre den geheimen Sinn!

Und finde Dich in dem ICH-BIN.
Im Hintergrund, dem Hirtengrund,
erwartet Dich (D)ein Urverbunden-
sein als Deines Lebens Urgewinn.
Halt` einfach inne und lausch` hin!

Mahnung an die gelblichen Vergilber

Das gelbe Licht, es liegt sehr dicht beim weißen.
Doch hüte Dich, das gelbe Licht als
volles Licht willkommen zu
heißen.
Entfernst
damit das andere Licht,
das farbige, aus Deiner Sicht.
Als überheblich gelber Wicht
wirst Du vergilben und verblassen,
um so die Weltenbühne dem
vollen Licht zu überlassen.

Maxime für die Endlichkeit

In
der Zeit
Zeitfreiheit von der Zeit
und für die
Zeit
gewahren
und bewähren

Meditation konkret

Auf den
täglichen Wegen
ab und zu in-ne-hal-ten,
einfach dasein und gewahren:
A L L - T Ä G L I C H E S
im All-täg-li-chen!
H E I M K E H R
INS
KON-
KRETE

Mehr-Noch-Mehr-Neurosen

Die Fichte stirbt, verendet!
Schau, wie sie sich verschwendet
ein letztes Mal in stummer Dröhnung
in ihre volle Zap~fen~krö~nung.

Schau an ihr stilles Tosen, schau
an die Zapfen-Treib-Neurosen!

Die Menschheit stirbt, verendet!
Schau, wie sie sich verschwendet
ein letztes Mal in schneller Dröhnung
in uferloser Selbst-ver-wöh-nung.

Schau an ihr grelles Tosen, schau
an die Mehr-Noch-Mehr-Neurosen!

Vielleicht verdirbt und wendet
die Mehr-Noch-Mehr-Neurosen
aus ihrem Über-Maßlosen das,
was uns das Verborgene spendet,
jenes ü-ber-wa-che Ko-sen,
das schon immer dauersendet.

Gewahre es, das sanfte Kosen.
Es überwindet   Mehr + Mehr
trotz aller Untergangsprognosen
all` Deine Wucher-Wahn-
Neurosen.

Mein Befreiungsangebot

Ich teil` mit Dir, was ich erschaue
und was mir hilft, worauf ich baue.
Ich biet` ES an! Bist Du bereit,
zu testen, ob es Dich befreit
von fehlgeleitetem Geglaube
unter Deiner Lebenshaube?

Wirst Du gewahr`n,
was Dich noch bindet,
und wie ES dieses überwindet?

Die Einsicht wird Dir leicht zuteil.
Doch schwerer ist es, sie zu leben,
sich ihrer Botschaft hinzugeben
bis zum gewährten Lebensheil.

Memento mori

*Wenn Du in beruhigten Zeiten
schon das feine Läuten hörst,
dass sich andere vorbereiten,
in denen Du geläutert wirst,
bist Du viel bewusster Dir
und all` Deiner Lebenskreise,
lebst noch aufmerksamer hier
und jetzt, findest eine Weise
im~mer~grü~ner Acht~sam~keit,
für all` das, was lebt und stirbt,
triffst in Unverfügbarkeit das,
was um Dein Tiefstes wirbt
und in Deine Endlichkeit
Ur-Lebendiges entbirgt.*

*So wird es auch in ruhigen Zeiten
Dich durch Oberflächlichkeiten
auf geheimen Bahnen leiten
und, worum es geht, Dich weiten.*

*(Auch als Lied mit Noten und Akkord-
symbolen im Liederbuch „Lasse Los:
...da muss doch noch LEBEN ins Leben
rein!" Hörprobe auf meinem Youtube-
Kanal WISDOM FOR FUTURE)*

Mich hüten

Werd`
mich hüten, mir das Denken
zu verbieten. Denn nur ausgetobtes
Denken
kommt zur Ruhe und wird still:
Und gibt so die Wege frei
zum sich hütenden
Gewahren,
das der Henne gleich,
wartend die ersehnte Brut
wärmend hütet und behütet.

Mich in NEUE-WELTEN weiten

Du hast Dir eine Welt
gebaut, die nicht die meine ist.
Was mich aus Deiner Welt beschaut,
es zeigt - ge~spie~gelt - wer Du bist.

Ich will Dich darin nicht benoten.
Du färbst die Welt ein: Dir-gemäß.
Ich muss mich anders ausloten!

Ich lass` mich wandeln zum Gefäß,
das ALLE-WIRKLICHKEIT empfängt,
die wir ge~wah~ren können:

Um jenen Plus-Fluss mir zu gönnen,
der mich nicht nur BEI-MIR einrenkt.
In dem - erwacht - ich weiter gleite
und mich in NEUE-WELTEN weite.

Mondscheingleichnis

Das Leben nachts im Mondenlicht
dient mir als Gleichnis für die Sicht,
die ich seit langem schon gewahre,
mich mit ihr in mir aufklare:

Das Mondenlicht ist nur ein Schein.
Der Mond ist selbst kein lichtes Sein.
Er reflektiert nur Sonnenlicht,
das uns als Mondenschein besticht.

Mich nicht mehr bannen lassen!

Ich will mich nicht mehr bannen lassen
von jenem Bann, der Dich besetzt.
Ich möchte Dich vielmehr umfassen,
damit Du lässt, was Dich so hetzt.

Der Bann ge-bie-tet Dir jedoch,
Dich zu mir auf Distanz zu halten,
um weiter unter seinem Joch
mit ihm Dein Leben zu gestalten.

Gewahre, was er mit Dir treibt,
wenn Du ihn so gewähren lässt,
wie er Dir die Geschichte schreibt,
indem er schleichend DICH zerreibt,
hältst Du noch weiter an ihm fest.

Ich will mich nicht mehr bannen lassen
von diesem Bann, der Dich besetzt.
Ich möchte Dich vielmehr umfassen,
dass Du ihn lässt, der Dich so hetzt.

Mitten drin blind dran vorbei!

„ICH -
MEIN - MICH !
Ach geht's mir schlecht!
Tu`s mir recht und rette mich!
Aber nur wie ich es will!
Komm mir nicht mit:

Werde still,
halte an und gewahre,
wie ich mich mit mir verfahre.
Davon will ich gar nichts hören,
denn das würde mich nur stören
auf dem Weg, den ich beschreite
in die selbstbestimmte Weite,
die ich bisher noch nicht fand.
Zeig es mir, kennst Du das Land.
Doch vor Deinem weisheitlichen
Weggeleit verschone mich!"

„Was Du suchst
ist schon vorhanden!
Wie Du`s suchst
geht Dir`s zuschanden,
mittendrin blind dran vorbei!"

Nada Brahma *

An
ihrem blumen-
geschmückten Balkon trifft
unerwartet   mich   ein   Archephon.
Es singt im Nu die ganze Blumenpracht.
Sie nickt zum Gruße. „Ach, wie schön!" ruf ich.
Sie lacht und freut sich wie ein frisch beschenktes
K i n d.
Durch ihre Haare   streunt ein sommerlicher Wind.
Und einen Augenblick gewahr`n wir uns verbunden
im Seelenreich, das durch erwachte Augen blickt.
Und während wir uns schauen, entrückt
es schon und ist bald im Fremdel-
gang verschwunden.
Ich gehe weiter.
Und ich
fühle
m i c h
beschenkt,
bis mich die
Alltagstrance
erneut mit sich
verfaengt.

(* Die Welt ist Klang)

Neuer Frühling

Und als ich sie dort in ihr Tun
so liebevoll vertieft und in sich
ruhend vor mir sah, erstrahlte ich.

Sie schaute auf, und fragte mich:
Was freust Du Dich? Und da erst
wurde mir gewahr, dass mich ein
Strahl getroffen hatte, der von ihr
kam und doch auch von woanders her.

Und scheu verlegen stammelte ich:
Ich freue mich ganz einfach über Dich.
Und jungfräulich errötend rettete sie sich
in die erprobte eheliche Nüchternheit,
entgegnete: „Ach, Du spinnst!"
Und lächelte beglückt.

Neuer Vorspann

Schaust Du nur auf den Verlust
Deines Mannes, der verstorben,
quält Dich Trauer in der Brust,
Leben schmeckt Dir wie
verdorben.

Hörst Du aber auf den Ruf,
der dadurch an Dich ergangen,
als der Tod die Lage schuf,
in der Du Dich noch verfangen,
wirst Du einen Sound gewahren,
der aus Un-ge-ahn-tem tönt,
und im heilsamen Aufklaren
mit der Lage Dich
versöhnt.

Häng` Dein Leben nicht mehr
an Deinen toten Ehemann.
Häng` Dich nicht mehr auf daran,
löse Dich aus diesem Bann
und verschenke Dich sodann.
Find` darin den neuen Vorspann
vor Dein Leben. Frag` es an,
was es so Dir geben kann.

Wann lässt
Du dies` an Dich ran
und kehrst endlich um? Wann?

Neugeboren

Für den Roten ist das Grüne
selbst-ver-ständ-lich braun,
ohne dass er es bemerkt, wie
sie sich von selbst verfärbt,
seine Wahrnehmung.

Hält er inne und gewahrt,
wird er seine Täuschung ahnen.
Und so aufmerksam geworden,
wird es ihn schon bald entwahnen,
bis sich Braunes grünlich färbt,
er im weiteren Gewahren
sich als Rotgeboren erbt.

Nicht *alles,*
was gut *geht*
das geht auch *gut!*

Bisher verlebt` er sich verdreht!
Ihm ging`s darum, was alles geht!
Doch jetzt gewahrt er es, oh Graus,
dass das, was alles geht, ihn aus
dem ur-ei-ge-nen Tritt gebracht
und sich zu seinem Herrn gemacht,
der ihn wie einen Sklaven treibt
und, ihn verbiegend, einverleibt
in nur geliehene Mächtigkeit,
gestundet, bis er seine Zeit
vergeudet hat mit Nichtigem,
nur aufgeblasen Wichtigem,
und er bei allem, was so geht,
verweht und dabei viel zu spät
im seinem Sterben erst erfährt,
was er gerade jetzt entbehrt:
Wenn Leben nur um das, was geht,
streng ausgerichtet lebt, verdreht
es sich bis es zuletzt versteht:
Dass es vor allem darum geht,
worum sich Leben wirklich dreht!

Nicht Ego, ICH ist Kaiserin!

Im **ICH** bist Du die Kaiserin und
DIR allein steht Herrschaft zu.
Als Herrin hast Du nur im Sinn,
präsent zu sein in jedem Nu,
um alles achtsam zu gewahren
in dem, was in ihm mitgeschenkt,
ein Aufrichterndes, das umfängt
auch in den drohenden Gefahren.

Und das Präsent der Aufrichtung
willst Du an alle weitergeben,
so ist die SPUR in Deinem Leben:

Dass keiner mehr der Selbstvernichtung
anheimfällt, weil er das nicht schaut,
was im Geheimen auferbaut
als heilsames Präsentsein
All-Einiger Präsenz.

Nicht wissbar gewiss!

Für
mich ist es
erledigt, was Ihr So-Euren-
Glauben
nennt!
Ihr
habt Euch
leer gepredigt!

Was noch in Euren Worten
brennt, ist kaum der Rede wert.
Ihr glaubt und meint nur Glaubenssätze,
die als DEN - GLAUBEN Ihr verehrt!
Merkt Ihr denn nicht, Euer Geschwätze
dient nur dazu, Euch Sicherheiten
im Nicht-Wissbaren zu bereiten,
anstatt Gewissheit mit zu nähren:
Das LEBEN wird sich nur gewähren,
wenn Ihr In - ALLEM - Glaubenszwist
gewahrt, was G L A U B E N wirklich ist.

(Für Eugen Drewermann)

NOCH GESCHLOSSEN!

Er hat die Augen noch geschlossen,
und was er sieht, ist seine Welt.
Den angesagten Zeitgenossen
hat er sich immer zugesellt.

Für die gilt nur, was sie erfahren.
Wie viel wird die Erfahrung taugen,
gemacht mit fest verschlossenen Augen?
Die könnte er sich doch ersparen!

Erst wenn er aus dem Traum erwacht
und seine eingeschlossene Sicht
gewahrt in jenem neuen Licht, wird
ihm, lässt er es zu, ganz sacht bewusst:

Was er bisher erfahren wird erst
im Wachen sich aufklaren.
Das wird ihn in die Krise stürzen
und die VERWIRRUNGEN verkürzen.

Noch rechtzeitig verpassen

Was ich der Welt zu geben hab`,
ist nicht ein Tun: Es ist ein Lassen!
Ich kann es selber noch kaum fassen,
doch hält mich diese Sicht auf Trab.

Ich pilgere durch Euren Raum,
erfahre die Beschleunigung
als den globalen Zukunftstraum,
gewahr` sie als Enth/a/eut(ig)ung.

Ihr flüchtet vor dem Hier + Jetzt
in die Verbesserung der Zukunft,
begründet es noch mit Vernunft
und merkt nicht, wie Ihr Euch verletzt.

Euch heilen kann nur noch ein Lassen,
ein Innehalten und Gewahren,
um rechtzeitig noch zu verpassen:
Die selbstgezeugten Fluchtgefahren!

Nur ein Paradoxes-Denken

Nur ein paradoxes Denken,
das auch im Gewahren ruht,
wird Dich, denkend, nicht verrenken
und wird nicht zur Wahren-Flut
zeitverfangener Gedanken,
die Dein Suchen nach der Wahrheit,
Dich einkreisend, eng umranken.

Nur ein paradoxes Denken,
das auch im Gewahren ruht,
wird Dich hin zum Ursprung lenken.

Er befreit Dich von der Brut
zeitgezeugter Denkgebilde,
schenkt Dir zeitbefreite EINSICHT,
klart Dich auf mit sanfter Milde:

Bis Dein kreisendes Zerdenken
Dir, nicht Dich, zerbricht!

Oberflächlerin

Als eine treue Flächlerin
hat man sie bald erkannt und
sie im flachländischen Sinn
zur Oberflächlerin ernannt.

Jetzt oberflächlert sie noch mehr
als sie bisher sich flachgemacht
und präsentiert sich im Verkehr
in Oberflächlerinnenpracht.

Was muss sie für ein Leid erfahren,
damit sie aus der Trance erwacht,
um klar und deutlich zu gewahren,
wie flach sie sich doch dargebracht.

Und um zu schauen, wer sie ist
als eingeborene Räumlerin,
die viel zu lang` der Flächlerlist
erlag als Oberflächlerin.

Wird sie den Flächlerwahn durchschauen,
kann sie SICH in noch offener Frist
dem Räumlerdasein anvertrauen.

Offenere Bleiben

Und ich gewahre, was mich sucht und findet,
mir meine Selbstverstrickung niederbrennt,
wenn es sich an der Fessel entzündet,
die mich allein mit mir nur verbindet,
wie üblich, im herrschenden
Trend.

Was ich erleide, lässt sich kaum beschreiben.
Die Welt, die ich mir aufgebaut, zerbricht.
Ein Ungeahntes will mich einverleiben
in die befreiten offeneren Bleiben,
verlangt von mir den Anhaftungs-
Verzicht.

Es will, dass ich mich nicht mit mir verklebe
und untergehe in dem Einerlei. Es will,
dass ich aus seiner Mitte lebe, in Lich-
tungskraft dem Nebel widerstrebe:
Nur so durchstehe ich das
Allerei.

Ora et Labora modern

Lass Dich
doch einfach ruh`n!
Entscheidendes geschieht
ganz ohne Dein Zutun.
Es tönt ein Anderes-Lied.
Du wirst es nur gewahren,
wenn Du jetzt innehältst
und Dich dem Offenbaren
der Ur - Vertonung stellst.
Dein-altes-Um-Dich-Kreisen
wird Dir beim wachen Hören
vergehen und verwaisen und
Dich nicht mehr betören.
Und in dem Neuen-Klingen
such` Dich ganz aufzurichten.
Du darfst das Lied mit-
singen. Die Welt
wird sich Dir
lichten.

Erst jetzt
sollst Du gestalten,
was zu gestalten ist, erst
jetzt Dich mit entfalten
in allem Lebens-
zwist.

Präsentalität

Weil der Mensch in seiner Fülle
bisher nicht erschienen ist,
sondern nur in neuer Hülle
Altes weiterlebt im Zwist,
kann man aus Vergangenheit
in die Zukunft nichts verlängern.
Drum sei wach und sei bereit!
Kehre um zu den Empfängern!
Sie gewahren, was uns einlädt,
tief im Jetztseits noch verborgen,
jene Präsentalität
für ein menschlicheres Morgen.
Im Präsentsein ein Präsent sein
richtet auf in allen Sorgen!

Plusgestaltung - Minusspaltung

Präsent-
sein heißt:
Die Plusgestaltung
des Heilen-Heit`ren
zu gewahren
und
gleichzeitig die Ur-Zerspaltung ins Dop-pel - Mi-nus zu erfahren.

Im Schau`n der off`nen Plusgestalt und seinem aufrichtenden Walten
der Doppel-Minus-Urgewalt
in seiner Spaltung
standhalten.
Im Warten
des Geduldigen
Zerspaltungen ertragen.

Nicht mehr dem Minus huldigen
und nicht verzagt versagen.
Das Plusgestaltige durchlöst
noch jede Mi-nus-Spal-tung.

Präsent-Event

Gewahre nun und werd` präsent.
Bin ich Im-Jetzt, erstirbt die Welt
mir als Event mit allem Glück
und allem Elend.

Es stillt mich mein Gewahren:
Ich sterbe mit!

Es kehrt der Blick sich um.
Ich schaue mich und alle Welt
als ein Präsent,
erhebe mich in ihr sogleich
und bin Präsent-Event
für Dich, für mich, für alle.

Präsentische Frist

In der Zeit,
die mir noch bleibt,
geht es mir primär darum,
Jenes, was mich weiter treibt
zu dem steten Kreisen um
alles, was mir wichtig ist,
achtsamer noch zu gewahren,
um den Rest der Lebensfrist
als präsentisch zu erfahren
und in ihm präsent zu sein
und auch ein Präsent zu sein.

Präsentische Meditation

Horch` auf!
Lausch` hin! Gewahre,
was jetztseits Dir erblüht!
Lass` Wenn und Aber!
Gare in dem, was Dir
geschieht.

Und fliehe
nicht! Bleib` standhaft!
Schau` an in Achtsamkeit!
Was angeschaut sich abschafft:
Die Tyrannei der Zeit!

Schon bricht
durch ihre Trümmer
das Licht der Zeitfreiheit,
stoppt ihren Zeitendimmer:
IST GEGENWARTsbereit.

Präsent(-)sein und Gewahren

Präsent(-)sein und Gewahren
sind urgesunde Fähigkeiten
unseres unzerstörbaren
„Personkernes"

Präsentisches Menschsein

Präsentsein heißt: Die Plusgestalt
des Lebens ohne Wenn und Aber
gewahren in der Kreuzgewalt,
befreit vom Klerikalgelaber.

Präsentsein heißt: Jetzt aufersteh`n
aus allem tödlichen Getue
und sich dabei nicht zu verdreh`n
in klerikalbetäubte Ruhe.

Präsentsein heißt: Ein Mensch zu sein,
ganz ohne ideologische
Verbrämung mit dem Heil`genschein
der Vorliebe zur eignen Bresche.

Präsentsein heißt: Präsent-zu-sein:
präsent für das Präsent des LEBENs
und anderen ein Präsent zu sein,
umsonst und meistens auch vergebens.

Präsentotopia

In
den aufge-
zwungenen Tänzen
emsiger All-täg-lich-keit
nicht im Angesagten glänzen!
Es zerfrisst nur Kraft und Zeit!
Sichvielmehr auf
SICH
besinnen:
Auf die Einzigartigkeit.
Originelles weiterspinnen
als Präsent im Weltenkleid.
Und sich aufrichtend erheben,
auch wenn Kriechen angesagt.
Aufgerichtet überragt sich der
Menschen-MENSCH im Leben,
wird sich als Präsent gewahr,
immer klarer, Jahr für Jahr.

Präsenz gewahren

Das
Gewahren
des Präsenten in Allem
ist das Gewahren
**des Präsentes
in Allem!**

Quellen finden

Was mich verbog und beugte,
das blieb mir lang` verborgen.
Was mich im Geheimen zeugte, ver-
sprach mir still ein besseres Morgen.

Ich rang um meine eigene Spur,
die ich nur selten einmal ahnte.
Ich suchte eine Lebensschnur,
die mich an meinen Weg
gemahnte

durch`s Labyrinth
der Würg-lich-kei-ten,
der knotigen Vergangenheit,
bis hin zu lichteren Gezeiten
und unverstellter Herz~lich~keit.

Nun fand ich, was ich immer suchte,
gewahrte endlich diesen Quell`,
an dem ich ja schon immer ruhte.
Doch wird es jetzt erst in mir hell.

Ich schaue nun, was mich da fand,
was mich schon immer an sich band,
mich heimlich nährte und bewahrte.
Jetzt erst gewahre ich dies` Zarte,

das mich geleitet, das mich tränkt,
das mich behutsam weiter lenkt,
doch nur, wenn ich ihm ganz vertraue
und mir nicht selbst den Weg verbaue.

Ich will nun still ihm zugehören,
in seiner sanften Weise leben, will
mich durch anderes nicht betören,
denn nur sein weiches starkes Weben
kann mich aus meinen Angeln heben.

Raisonieren – Resonieren

Du
Voreiliger,
antwortsüchtiger
Frage - Flüchtiger
mit dem Ausrufe-
zeichen im Blick.
Du vegetierst im
Raisonieren.
Gewahre
es und
steige
um ins
Resonieren
mit alle-
dem,

was in Dir
und um Dich
herum lebt,
webt und
strebt.

Richte Dich doch endlich auf!

Richte
Dich doch
nicht nach Diesem,
auch wenn es Dir recht ist.

Richte Dich doch nicht nach Jenem,
auch wenn es Dir recht erscheint.

Richte Dich doch endlich
auf, so wirst Du
selbst
gewahren,
was für die Welt
und was für Dich
das jeweils Rechte ist.

Sänger_uin

Er teilt mir mit, dass seine Frau`n
stets in der Krise ausgezogen.
Nach manchem düst`ren Seelengrau`n
sei er jetzt einer neuen gewogen.

Ihm unterläuft, als ob er`s ahnt,
wohl eine Fehlleistung im Brief,
bei der mir Unheilvolles schwant.
Was läuft da im Geheimen schief?

Er kündigt mir die neue Braut
begeistert an als Sängerin.
Warum es mir beim Lesen graut?
Er fehlschreibt sie als Sängeruin!

Soll ich nun meiner Ahnung trau`n
und sie ihm auch noch offenbaren?
Lässt ihn sein Missgeschick bei Frau`n
denn diese Botschaft überhaupt gewahren?

Ich werd`s ihm schreiben mit Humor.
Vielleicht lässt der ihn mitlachen?
Vielleicht ist der Humor das Tor
zu dem ruinvermeidenden
Erwachen?!

Schlüsselwort im Wortgeflecht

Schau`
Dir einmal die Worte an,
in die Du suchst, Dich einzuhüllen.
Erspüre ihren Zauberbann! Er wird
Dich nur mit Dir verfüllen,

wenn Du nicht noch die auf-
richtenden Schlüsselworte findest,
und Dich nur an die ausrichtenden
Wort-in-Wort-Geflechte bindest.

Gewahre die Geschwätzigkeit, mit
der Du selbst Dich einkleidest,
so den Kontakt vermeidest

zu Deiner eigenen Endlichkeit,
in der allein Du leben kannst,
im Heimischen zugleich befreit.

Schau im lauschenden Gewahren

Kehr`
doch heim
ins Konkrete:
Denk` nicht mehr
soviel: Schau hin,
dass der je konkrete Sinn
vor Dein inneres Auge trete.
Das, was Du konkret gewahrst,
lässt sich denkend nicht ergründen.
Wenn Du nur ins Denken starrst,
wirst Du Deinen Sinn nicht finden.
Lass` die wuchernden Gedanken
ihre Kon-struk-ti-o-nen bauen.
Schütze Dich vor ihren Klauen,
weise sie in ihre Schranken.
Und kehr`
ins Konkrete ein:
Schau im lauschenden Gewahren
jetztseits das präsente Sein.
Es will sich Dir offenbaren
jenseits aller Denkerein.

Selbstbespiegelung

In Licht geschrieben
und doch gebrochen in
farbiger Verschlüsselung
schau` ich die Welt in
selten nur präsenten,
lichteren Momenten.
Ach, könnte ich
die Farbigkeit
nach dem
geheim-
nisvol-
len Bruch
zumindest un-
verstellt gewahren und
müsste nicht, im doppelten
Gebrochensein, in eigenen durch-
kreuzenden Verfärbungen verharren
im selbstgerechten Farbenirrtum
der zweifachen Bespiegelung.

Selbst-
erkundung?
Selbstverwundung!

Gewahre: All` Dein Selbsterfahren,
es trudelt schnell in die Gefahren
der selbstbezogenen Verkrümmung.

Und Du erblindest, selbstverloren,
für diese Welt und merkst es kaum,
wie Du als Held Dich auserkoren
wähnst für die Erkundung allen
Lebens in Zeit und Raum.

Gewahre: Deine Selbstumrundung
ist doch nur eine Selbsterkundung
auf eingekreister eigener Bahn.

Wo bleibt die Welt in Deinem Kreisen,
die Dich erhält und die Dich weisen
kann auf die Ellipsen-Bahn
der Miteinander-Stundung?

Wirst um so mehr Dich selbst erfahren,
jetzt nebenbei, im Aufklaren beim
Welterringen, und Dein Scheitern,
Dein Gelingen, sie werden Dich
schon ganz von selber
zu Dir bringen.

Selbst-
verbesserung?
Selbstverwässerung!

Ein Mensch, der sich verbessern will,
um so ein besserer Mensch zu werden,
versklavt sich mit Verbesserungsdrill.

Und so verschärft er die Beschwerden,
die er durch Selbstverbesserung
doch endlich überwinden wollt`.

Gewahrt er, wem Respekt er zollt?
Der eigenen Selbstverwässerung!

Selbstbezug als Selbstbetrug

Mit Sicherungsverbiss im Blick
vergreifen sich die Augen an dem
Waltenden, um sich das Glück
zu sichern unter ihrem Bann.

Und sicheln sich nun mit Gewalt
das kurze Glück geschnitt`ner
Rosen. Es soll die sterbende
Gestalt solang` wie möglich
sie liebkosen.

*Und
merken nicht
den Selbstbetrug
der sichernden Gebärden.

Gewahren nicht, wie Selbst-
bezug sie hindert, sich zu erden,
und sie verlockt, sich Zug um Zug
mit Schläue und verstandesklug
nur selber zu gefährden.

(* als Frage: Wann merken sie ...)

Selbstwartung

Dein endloses Gebaren,
gewahre es! Gewahre, auch
Du sinkst auf die Bahre,
gewahre es! Gewahre!
Gebärde Dich nicht so,
lass` DICH gebären
und warte Dich.

Sich beschweren

Womit nur beschwerst Du Dich,
zur Lebensschwernis zusätzlich,
wenn Du Dich andauernd beschwerst,
dass Dich das Leben so beschwert?

Sich AUS-gedacht

Im Denken hältst Du selber Dich gefangen,
obwohl Du doch um`s Offenbare weißt.
Mit Denken suchst Du Jenes zu erlangen,
was angedacht sich nur verschließt, vereist.

Das Offenbare bleibt nur offenbar,
wenn Du es nicht in Deinem Hirn zerdenkst.
Es legt sich Dir im Leibhaftigen dar,
falls Du Dich denkend nicht mit Dir verfaengst.

Das Denken, es kann Letztes nicht erkennen!
Da hilft uns nur ein achtsames Gewahren!
In ihm ver-wann-delt, wird es uns aufklaren,
uns denkend nicht mehr achtlos zu zertrennen.

Das Denken wird vom Götterthron vertrieben!
Auch in der reinsten Form bleibt es doch relativ!
Vorbei ist jene Zeit, in der naiv wir uns
dem denkenden Erkennen nur verschrieben!

Sich finden im Geschwisterlich✳

Das
gelbe Licht
ist auch Vom-Licht,
doch ist es nicht Das-Ganze.
Erhebt es sich zum höchsten Licht,
schärft es schon bald die Lanze.

Es ringt mit anderem Farbenlicht
um dessen Eigenständigkeit.
Es bringt sich selber vor Gericht
mit seinem Ab-so-lut-heits-streit.

Es wird als gelbes Licht sich finden,
wenn es vom Absolutheitswahn
nun ablässt und die eigne Bahn
bereit ist einzubinden
ins
Spektrum,
ins Geschwisterlicht,
mit heilendem Gewaltverzicht.

Spar-Rate

Und
die Welt folgt
Deinem Spurjoch
selten nur, meistens nie!
Aber dafür brauchst Du
doch keine teure Therapie!?
Sondern nur die klare Einsicht:
Du kannst Dir die Welt nicht fügen!

Willst Du weiter Dich belügen,
bis Dein Trug Dich nieder-
sticht?

Werde wach!
Gewahr` im Durchblick: Du
zwingst selbst Dich in die Knie`!
Sonst ereilt Dich bald Dein Unglück:
Und Du brauchst dann eine teure Therapie!

Spur - Joch

Die Freuden, die der Alltag bietet,
sind reduziert und kümmerlich,
hast Du Dich endlich eingemietet
in Dein verengtes Trümmer-Ich.

In ihm erscheint Dir Leben nur noch
allein als Überlebenskampf.
Halt! Halt! Gewahre dieses Spur-Joch!
Es pflockt Dich an im Blendungskrampf.

Entlasse Dich aus dieser Enge!
Das Leben ist nicht nur Gefecht!

Es zeigt sich tiefer als Geflecht,
gewahrst Du erst einmal die Klänge,
die Dich in ihrem Tönen fragen:

Willst Du Dich zu versöhnen wagen
mit A L L E M   L E B E N im Leben?

Stillgewacht

Still - gewachtes Dankes - Hauchen:
Schweigend durch die Bilder tauchen,
bis die Bilder selbst nun schweigen,
vor Gewahrendem sich neigen,
und in lichter Transparenz
aus den Schwei-
ge-
W-
ellen
steigen.
Jäh trifft Dich
mit Vehemenz die
ALL-EINE UR-PRÄSENZ!

Suche nach Primärerfüllung?

Horch auf, lausch hin! Schau an, gewahre!
Hörst Du denn schon den falschen Ton?
Und schaust die große Illusion?
Die Suche nach Primärerfüllung
durch sekundär tertiäre Stillung?

Tetratakter

Gewahren

Gewähren

Bewahren

Bewähren

Transparenz für die Präsenz

ICH
BIN Präsenz
und bin es immer schon!
Ich soll es Hier und Jetzt gewahren
und mich und alle Welt
in seiner Transparenz
aufklaren.

Transzendierendes Gewahren

Der Finger
ist es nicht, der auf
den Mond verweist, auch
wenn des   Mondes Licht
am Finger-   nagel gleißt.
Du sollst Dir nicht erlauben,
ans Nagelbett zu glauben,
auch wenn des Mondes Licht
im Nagelhorn sich bricht.
Erhebe Deinen Blick und
folg` dem Fingerzeig.
Tauch` in die Nacht
und schweig`.

So findest Du das Glück,
den Mond direkt zu sehen,
in seinem Licht zu stehen.
Doch was am Mond besticht
ist nur geliehenes Licht
von stets umkreister Sonne.

Tiefer graben!

Wirst seh`n, es bringt ihn aus dem Lot!
Wenn er ein Leuchten hier im Kot
erspäht, so wird er ihn begehren
und jener Einsicht wehren:
Kot ist nicht in der Lage zu
leuchten, denn er ist nur Mist.
Er wird den Kot verehren,
die Seele sich verheeren.
Bis er im Scheitern
dann gewahrt:
Der
Diamant,
der in den Kot
gefallen ist und
dort in Not
versunken,
erstrahlt, durch-
klart den ganzen Mist!
Du musst nur tiefer graben,
um Dich am Edelstein zu laben!

Traditionen neu vertonen *(Lied)*

1.   *Deine eigenen Traditionen*
solltest Du niemals verschonen,
wenn sie Dich nicht weiterbringen,
Dir nur noch das Trostlied singen,
Dich bloß einbalsamieren,
mit Vergangenheiten zieren,
die der Gegenwart nicht dienen,
Deine Brüche nicht mehr schienen,
Dich vielmehr unter dem Rad
ihrer Herrschaft weiter zwingen,
das Kreisrunde als Quadrat
umzudeuten, zu besingen,
ihnen Dauerlob zu spenden,
auch wenn sie sich gegen Dein
ursprüngliches Freisein wenden
mit angemaßtem Heiligenschein.

2.   *Deine eigenen Traditionen*
soll'n Dich niemals mehr verwohnen,
wenn sie Dich nicht weiterbringen,
Dir nur noch das Trostlied singen,
Dich bloß einbalsamieren,
mit Vergangenheiten zieren,
die der Gegenwart nicht dienen,
Deine Brüche nicht mehr schienen,
Dich vielmehr unter dem Rad
ihrer Herrschaft weiter zwingen,
das Kreisrunde als Quadrat
umzudeuten, zu besingen,
sollst Du gegen sie Dich wenden,
im ursprünglicheren Freisein
ihnen Überleben spenden
nur noch im Historienschrein.

3.   *Deine eigenen Traditionen*
sollen Dich nur dann vertonen,
wenn sie Dich auch weiterbringen,
Dir nicht nur das Trostlied singen,
Dich nicht einbalsamieren,
mit Vergangenheiten zieren,
die der Gegenwart auch dienen,
Deine Brüche heilsam schienen,
Dich nicht mehr unter dem Rad
irgendeiner Herrschaft zwingen,
das Kreisrunde als Quadrat
umzudeuten, zu besingen,
Dich vielmehr zum LEBEN wenden,
um Dein ursprüngliches Freisein
zu entdecken, Dich zu spenden
für ein Miteinandersein.

Tropfentrotzig

o

oo

Im
Traum
bin ich ein
Wassertropfen,
der immer schon
im Wasser lebt, und als
ein Tropfen danach strebt,
sich tropfentrotzig einzugrenzen,
die Mitwelt fragend abzuklopfen in
Seiner-Art als Wassertropfen mit allen
Antwort-Konsequenzen. Die Antworten
sind tropf-ge-recht! Doch fassen sie das
Wasser nicht! Erst wenn das Tropfgerechte
bricht, gewahrt der tropfenfreie Tropfen
sich nun durchlöst im Wassergrund,
befreit und nicht mehr egowund,
sich trop-fen-trot-zig auf-
zupfropfen.

Umkehr als Notwehr

Nun ziehe Dich tagtäglich mehr
als Eigenschutz aus dem Verkehr
und wandle dann, im Übergang
erwachend, mit DIR selbst umher.

Gewahre ES und lausche quer,
um das, worum es wirklich geht,
nicht zu umgehen. Und wenn
ES Dich ganz MIT-DIR trifft,

so wird es Dich verwandeln,
damit in Umkehr Du nicht
mehr verquer nur noch
nach Wohlstand strebst
und für Dich selber lebst.

Umgang mit der Wut

Spüre jeweils Deine Wut.
Gewahre, was Dich wütend macht.
Doch sei dabei stets auf der Hut,
dass sie sich nicht mit Dir
entfacht.

Umkehren oder Umkommen? (Lied)

Refr.:   *Noch ist es nicht zu spät,*
uns vor dem Abgrund zu bewahren!
Doch nähert sich uns schon ein Donnerton!
Doch nähert sich uns schon ein Donnerton!

1. Str.:   *Der aus der Zukunft zu uns rollt!*
Wer achtsam lebt, wird ihn gewahren
und spüren, wie er bebend grollt!
Er will uns offenbaren,
dass wir uns selbst bedroh`n!
Er kündet die Zerstörungsmacht,
die wir mit selbstherrlichem Tun
ohne Rücksicht voll entfacht!

Refr.:   *Noch ist es nicht zu spät,*
uns vor dem Abgrund zu bewahren!
Doch nähert sich uns schon ein Donnerton!
Doch nähert sich uns schon ein Donnerton!

2. Str.:   *Dem wir - im Schlemmersumpf verwöhnt –*
nur benommen lauschen können,
wie er von zwei Wegen tönt:
Umkehren oder Umkommen!

Refr.:   *Noch ist es nicht zu spät,*
uns vor dem Abgrund zu bewahren!
Doch nähert sich uns schon ein Donnerton!
Doch nähert sich uns schon ein Donnerton!

Umkehrkrise

Und wer sich weigert, zu gewahren
und L E B E N im Leben zu erlauschen,
wird beim Versuch, DAS-LEBEN zu erfahren,
ES doch nur übertönen mit Eigenrauschen.

Bis SICH-DAS-LEBEN NUN dagegen wendet
und unerhört SICH SELBST Beachtung schafft,
in dem ES eine Umkehrkrise spendet,
in der ES Das-Nicht-Hören-
Wollen schafft.

Unantastbar, doch antestbar

Halt einmal Dein zersteinerndes
Geblicke an. Und wieder schau
viel sanfter hin, nicht so genau.

Gewahre den verborgenen Sinn.
Er west im Unfixierbaren
inwendig an.

Auch wenn er unantastbar ist,
der Sinn, und nicht zu greifen,
so ist er gleichwohl antestbar,
in ihm, da kannst Du reifen
zu allem Sinnerfahren.

Und wer fest glaubt!

Und wer fest glaubt, der glaubt sich meistens fest.
Bis dann das Leben sein Geglaube sprengt,
und dieses ihm zerspringt, zersplittert,
und er versinkt verbittert und
ertrinkt in Hoffnungs-
losigkeit.

Bis er, durchgart,
ein ungeahntes Sein gewahrt,
das ihm, der sich schon aufgebahrt
geglaubt, ein anderes LEBEN offenbart.

Und schlägt Es Dich in seinen Bann

Und schlägt Es Dich in seinen Bann,
halt inne und besinne Dich!
Fang` noch einmal
von vorne an:
Gewahre
Es in Urdistanz!
Erspüre seine Resonanz!

Schau, wie Es sucht,
Dich zu bezwingen
und Dich mit sich
ganz zu durchdringen!

Vermeide jedes Gegensteuern,
um Es nicht noch mehr anzuheuern,
Dich schleichend von Dir abzubringen.

Schon bald löst sich der Blenderglanz
und schenkt Dir den ureigenen Tanz
zum selbstbestimmten
Mitschwingen.

Unmitteilbares Gewahren

Im unmittelbaren Gewahren,
findest Du unmitteilbares
währendes Wahren.
Und willst
Du es uns offenbaren,
bedenke, es ist nur mittelbar mitteilbar!

Urknall der Begegnung

Der
Urknall
unserer Begegnung,
der mir allein SICH offenbarte,
geschah wie eine Einsegnung,
in der DAS-WESEN ich gewahrte
von DIR und MIR und auch
UNS-Beiden.

Veredelung als Vollendung

Wenn die wilde Rose sich noch
gegen die Veredelung wehrt,
weil das Edle-Rosen-Joch
sie im Ego-Sein versehrt,

wird sie die Veredelung als
tötenden Schnitt erleben,
denn es geht ihr an den Hals,
an ihr Wildes-Rosen-Leben.

Doch wenn sie vor dem Tode
aufersteht und neu erblüht
als die edle Antipode,
die`s nicht mehr ins Wilde zieht,

wird sie, was sie einst bedrängte,
jetzt in anderem Licht gewahren,
die Veredelung, die sich schenkte,
als Vollendung nun erfahren.

Verhaftung und Enthaftung

In welcher Sicht Du immer auch
verhaftet bist, auch wenn sie sehr
befreiend ist: Sei Dir gewahr,
Du bist in ihr verhaftet!

Drum musst Du sie verlassen,
damit Du ihrer Haft entgehst!
Ein Herz musst Du Dir fassen,
sie mutig überschreiten, damit
Du nicht, Dich selbst verhaftend,
in ihr verwehst und untergehst
in ihren sicheren Breiten.

Verfahren

Wenn ein Räumler sich verflächlert hat
und sich in die Fläche projiziert,
findet stets ein Paradoxes statt:
Eckiges und Rundes sind liiert!
Ratlos von der Quadratur des Kreises
steht er nun beim Kubischen Zylinder.
Ge-gen-satz-ver-ei-ni-gen-de Bin-der
sind ihm nicht gegeben als
ein Weises.

So
erfindet
er die Dialektik,
jenen Anti-Anti-Dreiertakt
als den Systematisierungsakt
in der Angleichung von rund + eckig.
Doch er bleibt gekreuzt in Peinigung,
findet nicht die Plus - Vereinigung,
die Befreiung im verflächlernden Verfahren
gibt er die Verflächlerung nicht auf.
Erst sein Sprung ins räumelnde Gewahren
offenbart ihm, wie er sich verfahren,
rettet ihn vor seinem Ausverkauf.

Verquer

Sekundär und auch tertiär
liegen wesensmäßig quer
zu Bedingungsfrei - Primär.
Wer das nicht gewahrt, ach der
lebt sein Leben stets verquer,
verwechselt sekundär und
auch tertiär mit primär.

Verkauf` Dich nicht, verschenke Dich! (Lied)

Refr.: *Niemals sollst Du Dich verkaufen,*
sondern Dich vielmehr verschenken!
Wirst sonst in die Irre laufen
und Dich dort nur selbst verrenken!

1. Str.: *Allen ist es aufgetragen,*
nicht dem Gelde nachzujagen,
nicht um Reichtum sich zu raufen
und sich niemals zu verkaufen,
sondern sich selbst zu verschenken,
um den eigenen Seelenfrieden
auf befreite Bahn zu lenken,
jenseits aller Habgiertränken.

2. Str.: *Allen ist uns aufgetragen,*
als Geschenk uns zu gewahren
und in dieser Sicht den Plagen
unseres Lebens, den Gefahren,
die sich zeigen, uns zu stellen.
Im Geschenktsein uns zu garen
führt uns hin zu Lebensquellen,
die sich tiefer offenbaren.

3. Str.: *Allen ist uns aufgetragen,*
ins Präsentsein uns zu wagen,
nicht mit Reichtum uns zu taufen
und uns niemals zu verkaufen.
Vielmehr soll`n wir uns verschenken,
um den Streit in aller Welt
hin zu Lösungen zu lenken,
die uns endlich Frieden schenken.

*(Aus dem Music-Textival: „Zurück ins Glück –
oder: Wege aus dem Glücksinfarkt" in:
„Lasse Los: Seid Ihr noch zu retten? - Music-Textivals"
BoD Norderstedt 2016 - Siehe Anhang)*

Verstim-
mung

Sich weder
auf Verstimmung stimmen,
noch sich ihr entgegen stemmen
und auch nicht vor ihr verstummen,
sondern achtsam sie gewahren,
ihr Verstimmtes aufklaren,
um es sich zu ersparen
und sich nicht in ihm nur
auf verstimmungsvoller Tour
selbstverstimmt zu (v)erfahren.

VERWAHR**LOS**UNG

Dein Los, das Du Dir selbst gewählt, ist die Verwahrlosung.
Du haftest Dich, wohl ungezählt, an aller Welt Liebkosung.
Verhaftest Dich und nimmst Dich in Gewahrsam.
Verwahrlost Dich und raubst die Würde Dir.

Gewahrst es nicht, was Dich da treibt!
Du endest in den Sackgassen,
verwahrlost im Ruinenleib.

Was bleibt Dir noch,
als loszulassen, Dein
Elend wahrlich zu erfassen,
die Selbstverhaftung zu entlassen
und wieder neu Dich einzufassen
in haftbefreites und durchlöstes Leben.

Viertakter des Gewahrens

Gewahre jetztseits EINFACH DAS.
Gewaehre Einlass diesem Gast.
Bewahre, was Dich DA erfasst.
Bewaehre es trotz aller Hast.

Verwaist

Nach Eurem Bilde habt Ihr mich
versucht, zu formen, zu gestalten,
habt mich verschweißt, habt mich vereist.
Kaum merklich war ich schon verwaist
in frühen Kindertagen.

Die Kälte in mir, sie zerbeißt mich
und verschleißt mir meine Kraft
und mein Bestehen in einer Welt,
die sich kaum noch zusammenhält.

Funkstille herrscht jetzt zwischen uns!
Ganz leise speist mich eine Wärme
und taut mich zärtich auf und ab.

Verweigerungsverweigerer

Er weigert sich beharrlich
mit Verweigerern zu singen,
die das Lebens lauthals preisen,
es in ihre Bahnen zwingen,
die viel zu engen, selbstverkrümmten,
die windigen, die falsch gestimmten,
die unter immer gleichen Fahnen, dem
Jetztseits fern, allseits verwahnen.

Er weigert sich beharrlich den
Verweigerern zu grollen,
die im Stile ihrer Süchte
ihren Le-bens-ein-satz zollen,
weil auch sie die Sehnsucht treibt nach
dem, was nicht vergeht, was bleibt.
Doch sie trachten zu genesen,
sich zu heilen im Verwesen.

Er weigert sich beharrlich
die Verweigerer zu lehren.
Solange sie sich selbst verweigern
bleibt nur, trotz allem sie zu ehren
oh-ne kan-zeln-des Ge-ba-ren.
Er weiß aus eigenem Gewahren:
Im Grunde der Verweigerung
wartet eine Umkehrung!

Verzicht - Gewinn

Darum geht es wirklich nicht:
Wuchernde Begehrlichkeiten
zu bedienen. Ein Verzicht
wird notwendig in den Zeiten,
die sich jetzt schon vorbereiten.

Ein Verzicht auf Wucherungen.
Er beruhigt die blanken Nerven.
Bisher ist uns nicht gelungen,
Überleben zu entwerfen
und die Lage zu entschärfen.

Doch worum es wirklich geht,
ist, nur darauf zu verzichten,
was Lebendigkeit verdreht,
um das Leben auszurichten,
abzudichten, zu vernichten.

**Der Verzicht wird zum Gewinn,
wenn wir Leben auch gewahren!**

Vom

denk-enden Verrenken

zum

dankenden

Um-

ranken.

Vom
Denken
zur
Bewusstheit

Es denkt in mir!
Ich denke mit und halte
mit dem Denken Schritt.
Ich lenke es in meinem Sinn,
denn so nur bringt es mir Gewinn.

Bis ich entdecke, dass ich Denken
auch denken kann.   Im Nu bin ich
ein Fi-lo-sof,   durchbrech` den Bann:
Ich DENKE jetzt auch noch das Denken!

Bis ich durch jene Gren-zen stos-se,
die solches DENKEN stets beschränken.
Im N U bin ich das DENKEN los!
Es will sich die PRÄSENZ mir schenken.

Ich bin im Reich der Achtsamkeit!
Vom Denken-DENKEN nun befreit,
gewahr` ich mich und meine Zeit
in transparenterer Bewusstheit.

Voraussetzen im Erdenken

Du solltest
die Voraussetzung, die
Du in Deinem eigenen Denken
voraussetzt, einmal aussetzen,
um Dich nicht voreilig zu lenken
in Zonen zirkelhafter Bahnen,
auf denen Du als wirklich preist,
was Du gesetzt, ohne zu ahnen,
dass Du nur um Dein
Eigenes kreist.
Gewahre die Voraussetzung
und das, was ihr vorausgesetzt,
Gewahre Deine Denk-Vernetzung,
dass Du Dich nicht noch mehr verschätzt.
Willst Du Dich menschlich nicht verrenken,
sei äußerst achtsam im Erdenken!

Von der Eventik zur Präsentik

Von der normalen Ego-Blendung:

„Die Welt als ein Event erfahren
und sie eventisch ausbeuten!"

hin zu der
aufgeklarten Wendung:

„Die Welt als ein Präsent gewahren
und sich in ihr präsentisch häuten!"

Daraus ersteht
Dir Deine Sendung:
Die Welt in all` ihren Events
bewirten in der Konsequenz der
sich nur schenkenden Präsenz.

Wach sein und Warten

Wach sein
und
Abwarten.

Wach sein
und
Aufwarten.

Wach sein und Gewahren,
wo abzuwarten und
wo aufzuwarten
ist.

Wach sein und
den Unterschied gewahren.

Wahllos verwahrlost

Von Wand zu Wand wandeln
wir rastlos auf und nieder,
vermehren uns jenen Wohlstand,
der wahllos uns verwahrlost.

Und uns ereilt, zwar ungewollt,
die Brandrodung der Seele.
Und ausgebrannt rasten wir
auch immer schneller aus.

Wann halten wir endlich
inne und lassen uns die
Fun-tasmen löschen
und   gewahren:
Es IST Wohl-
Stand!

Wahres Glück - Stilles Glück

Wir geben doch und geben doch
und kriegen nie genug zurück!
So mangelt es uns stets an Glück.
Was ist das für ein Leidensjoch?

Du sagst uns, unsere Sicht sei stur
auf das uns Man-geln-de fixiert.
So kämen wir nie auf die Spur,
die uns zum wahren Glück hinführt.

Wir müssten für den Umkehrblick
uns öffnen, um nun zu gewahren,
wie sichtverzerrt wir uns verfahren
auf unserem Weg zum Geber-Kick

in unserer Selbst$_{ent}$täuschungskur,
zu geben, nur um zu bekommen,
was wir auf dieser Ego-Tour
für uns so alles vorgenommen.

Allein im Umklärblick präsent sein
und so im Leben ein Präsent sein,
für uns und auch für unsere Mitwelt,
schenkt jenes Glück, das still sich hält.

Wandlungspräsent

Es war das Widerfahrnis einer AN-WESEN-HEIT,
die ohne Wenn und Aber mich im Nu mit Dir verband.
Es blieb mir dabei überhaupt keinerlei Zeit
zu fragen, ob ich`s wollte oder wie ich es so fand.
Ich fühlte mich zugleich von der PRÄSENZ gefunden,
erschaute - still jubelnd - Dein WESENs - Inbild,
gewahrte mich im Tiefsten mit Dir verbunden
und war von überfließender Freude erfüllt.
Und es geschah genau in dem
ent - schei - den - den   Mo - ment,
als ich nach kurzer Zeit mich
von Dir trennen wollte,
weil ich der ART,
Dich auszuleben
zunehmend
grollte.
Doch dies
verhinderte das
jähe Wandlungspräsent.

Es offenbarte mir sogleich, wer Du wirklich bist,
vergeudest Du nicht kostbare Lebensfrist
damit, nur Um-Dich zu kreisen
ohne Ziel und Sinn,
anstatt aus
Deinem WESEN
zu leben mit Gewinn
für Dich und andere.

Wann lichtet Dich ein Neubeginn?

Du erschwerst Dir noch Dein Leben,
indem Du zu der Lebenslast,
die Dir zu tragen aufgegeben,
Dir Deinen eigenen Knast verpasst.
Du sperrst Dich ein in Selbstmitleid,
Du pflegst ein Dauerklagen.
Und selten nur bist Du bereit,
Dich aus Deiner Haft zu wagen.

Hör` auf, am Düsteren Dich zu weiden,
Dir dunkle Sichten zu verpassen!
Du sollst Dich nun dafür entscheiden,
Dein Jammern hinter Dir zu lassen.
Du sollst Dich endlich einkleiden
mit der ureigenen Plusgestalt.
Sie schenkt Dir jenen Grund und Halt,
von Selbstverdunkelung Dich zu scheiden.

Lebst Du Dich ein in Plusgestalt,
wirst Du gewahren, wer DU BIST.
Die Düsternis zerreißt, ein Spalt
erscheint im Lebenszwist.
Es lichtet Dich ein Neubeginn,
vertreibt Dir Dein Vernebeln,
führt Dich zu offenen Weite hin,
löst Dich vom Selbst-Verknebeln.

Warter ist, wer ...

Warter ist, wer I N - S I C H ruht,
wach, präsent, mitmenschlich offen,
und das Not-wen-den-de tut,
weil er davon mitbetroffen.

Warter ist, wer „ruhig Blut"
wahren kann in jeder Lage,
auch wenn ihm die Weltenflut
manche Gründe gibt zur Klage.

Warter ist, wer seine Glut
nicht missbraucht
zum
Weltenbrand,
sondern sich mit allem Mut
einsetzt, doch mit ruhiger Hand.

Was
gewiss ist,
doch nicht sicher!

Gewiss ist nur gewiss, jedoch
nicht sicher. Denn unter`m Joch
der Sicherheitsbestrebungen
wird, was gewiss scheint,
nicht besungen.

Es gilt
allein die Sicherheit
der harten Fakten in der Zeit.
Den Wahn des Sicheren übersteigt,
was zeitfrei als gewiss sich zeigt.

Be-wei-sen aber lässt sich`s nicht.
Denn die Be-weis-bar-kei-ten-Sicht
weiß nichts von dem, was sich erweist,
wenn man gewahrend es bereist,
im wärmenden Gewissheitslicht
nicht in der Faktensicht vereist.

Was ist
der Fall in
Wirklichkeit?

Was ist der Fall in Wirklichkeit,
wenn aller Fälle Würglichkeit,
die ihnen Prägekraft verleiht,
dahin fällt? Es erlischt die Zeit
und mit ihr alles Trennungsleid!

Erwacht gewahrst Du Dich befreit
von all` dem Gegensatz im Streit
und bist zum Weltendienst bereit
in je geprägter Wirklichkeit.

Was ist die Zeit?

Was ist die Zeit? Von Jetzt zu Jetzt!
Du gewahrst es, wenn Du Dich
nicht in Alltagstrance verhetzt,
innehältst im Ge-gen-strich
und es Dir so nicht ersparst,
sondern jetztseits sie
gewahrst:
DIE
ER-
FÜLLTE
ZEIT-IN-SICH!

WAS IST JETZT ?

Halt

inne und gewahre es:

Was Du erreichen willst, kommt später.

Was Dich erreichen

will,

I S T

J E T Z T

Was ist mir bloß geschehen?

Was ist mir bloß geschehen?
Ich bin erwacht und fühle
mich so seltsam fruchtig.

Die angetraute Lebenswucht
ist mir gewichen und ich gewahre
mich hellwach und aufgewertet,
ausgewuchtet, aufgerichtet.

Was macht das jetzt mit Dir?

Gewahre jetzt, dass alles, was Du
siehst, noch längst nicht ALLES ist.

Gewahre auch, das alles, was Du
siehst, für Dich schon alles ist.

Gewahre nun, dass beides stimmt
und in Verantwortung Dich nimmt.

Was macht das jetzt mir Dir?

Was
sonst nur
im Dunkeln singt

Ich entlaufe mir bisweilen,
steige in gewagte Höhen,
dichte merk-würdige Zeilen,
spüre G E I S T E S - Wehen.
Ob ich diesem schon gewachsen
bin, weiß ich nicht zu sagen.
Ich umkreis` Ellipsenachsen
in den Höhenlagen.

Manchmal werde
ich im Schnittpunkt
der elliptischen Acht
aufgeweckt, und erwacht
gewahr` ich, wie es in mir funkt:
In mir, mit mir, durch mich schwingt,
was sonst nur im Dunkeln singt.

Weg des Gewahrens

Ich halte
einfach inne und gewahre,
was ich im Alltag eigentlich erwarte,
und wie ich werte,   was ich so erfahre,
begrenzt durch meine eigne Sichtenscharte.

Ich halte
weiter inne und gewahre, nun
möglichst ohne Erwartung und Bewertung,
wie ich im Alltag meistens mich verfahre
in egoverzerrter Weltverehrung.

Ich lasse mir
die Alltags-Trance durchbrechen.
Noch kleb` ich treu am Nichtig-Wichtigen.
Ich lass` mich der Verfehlung bezichtigen.
Den Star verfehlter Sicht lass` ich mir stechen.

Im Innehalten und
auch im Gewahren vollzieht
sich Wandlung und ich komme an.
Ein Ungenanntes schützt vor den Gefahren,
mich neu zu betten in meinem Egobann.

Ich komme an im tieferen Gewahren
in jener angebotenen
Präsenz der
inneren
immanenten
Transzendenz.
Sie schenkt sich mir,
sie will mich ganz durchgaren,
bis ich durchlichtet bin und transparent
für Transzendenz mich lebe als Präsent.

Weil Du schon ALLES BIST

Weil Du schon ALLES BIST,
und es noch nicht gewahrst,
und es noch nicht ermisst,
willst Du es Dir erzwingen.

Du wirst zer-stö-re-risch!

Es wird Dich niederringen!

Bis Du im Scheitern schaust
den Weg, den Du verbaust,
den Weg, der keiner ist, weil
Du schon A L L E S B I S T.

Welch` abgrund-
tiefer Irr-
tum!

Schon
ahnst Du
sie wohl irgendwie,
die Größere An~we~sen~heit.
Dich ihr zu nah`n, bist Du bereit,
doch stellst Du ihr Bedingungen.

Nach Deinem Spiel soll sie sich
Dir gefiltert offenbaren hier in
den geglaubten Stimmungen.
Welch` abgrundtiefer Irrtum!

Die Größere An~we~sen~heit,
sie zeigt sich nicht-bedingt, be-
freit von allem religiösen Joch.

Der Himmel lässt sich nicht von
Dir in Deinen Kopf einwecken!
Den Kopf, den kannst Du aber
doch wohl in den Himmel stecken!

Welt - Bild - Bruch

Jetztseits bricht mir jenes Bild,
das mich bisher mit Licht erfüllt
auf meinen Überlebenswegen.

Es erstrahlt ein anderes Licht, das
durch den Bruch des alten bricht,
und es verspricht den Einen-Segen.

Den Segen, den ich selbst erregen
und ihn auch noch erlegen wollte
auf den erzwung`nen Glaubenswegen.

Und ich aufklare in dem Bruch,
und ich gewahre den Geruch
von gestrig-geistiger
Verwesung.

Weltverständnis

Ich leb` als wandelnde Gestalt in
einer Welt sich wandelnder Gestalten.
Schau ich genau, gewahr` ich bald in
aller Wahrnehmung des Hirnes Walten.

Das Hirn, es komponiert uns Welt:
Harmonikal in tönernen Strukturen.
Wir sind in Zeit ihm zugesellt. Es
tickt im Takt noch offener Figuren.

Es komponiert auf Schritt und Tritt
die Vielfalt unterschiedlicher Gestalten.

Als Muster dient der goldene Schnitt, ver-
einigt mit der Plusgestalt beim Formentfalten.
Ich schau` ihm zu beim Komponieren und
lausch` dem Wandel in den Partituren.

Und im vertieften Me~di~tie~ren
gewahre ich im Diesseits aller Uhren
das Jetztseits als die WIRKLICHKEIT
der grundbefreiten AN~WE~SEN~HEIT.

Wem willst Du Dich anvertrauen? (Lied)

Refr.: Nebel-Dichter! Nebel-Lichter!
          Wem willst Du Dich anvertrau`n?
          Nebel-Dichter! Nebel-Lichter!
          Wem willst Du Dich anvertrau`n?

Str. A: Nebel-Dichter schenkt Dir bunte Nebel,
           kannst damit Paläste bau`n,
           kannst Dich schmücken
           und wirst andere Vernebelte entzücken.

Str. B: Nebel-Lichter fordert von Dir bunte Nebel ein.
           Raubt Dein Wohnen Dir im Dunste,
           lichtet allen faden Schein.
           Und entsorgt Dich Nebelnächten,
           will Dein LEBEN Dir erfechten,
           will ohn` Wenn und Aber
           Dein Belichtet-Sein.
           Und nun wähle, und nun wähle:
           Welche Richtung schlägst Du ein?

Wem Zeit wie Ewigkeit ...

E W I G
B I S T D U,
nicht un-end-lich!
Achte auf den Unterschied!
Ist er Dir noch nicht verständlich,
warte einfach, was geschieht,
wenn Du Dich als ewig schaust
in der eigenen Sterblichkeit
und Dich darin auferbaust:
Transparente Endlichkeit
wirst urplötzlich Du
gewahren und es
wird sich auf-
klaren:

**„Wem
Zeit wie Ewigkeit
und Ewigkeit wie Zeit,
der ist befreit von allem Streit!"**

(Jakob Böhme)

Wenn ..., dann (Lied)

1.Str.: Wenn da eine Flöte ist
und ein lichter Wind sie küsst,
gewahrt die Flöte diesen schon,
doch nur als einen Flötenton.

2.Str.: Wenn da eine Harfe ist
und ein lichter Wind sie küsst,
und er streicht an ihr entlang,
gewahrt sie ihn als Harfenklang.

Refr.: Sie wesen in dem, was sie sind.
Für alles andere sind sie blind,
für alles andere taub und blind.
Und sie erkennen im lichten Wind
nur Jenes: Wie sie selber sind!
Und sie erkennen im lichten Wind
nur Jenes: Wie sie selber sind,
nur Jenes: Wie sie selber sind!

3.Str.: Wenn da ein rundes Fenster ist
und ein lichter Wind es küsst,
das bunte Fensterchen im Erker,
gewahrt es ihn als Farbverstärker.

4.Str.: Wenn da ein weites Segel ist
und ein lichter Wind es küsst,
der es mit seinem Wehen strafft,
gewahrt es ihn als Antriebskraft.

Refr.: Sie wesen in dem, was sie sind ...

5.Str.: Für den genannten lichten Wind
sind Flöte, Harfe, Segel blind,
taub ist das bunte Glas am Erker
in seinem eigenen Farbenkerker.

Refr.: Sie wesen in dem, was sie sind ...

(Aus dem Music-Textival: „In allen Farben singen" in „Lasse Los: Seid Ihr noch zu retten? - Music-Textivals" - BoD Norderstedt 2016 - Hörprobe auf YouTube in meinem Kanal WISDOM FOR FUTURE)

Wenn Du DICH-SELBST nicht ernst nimmst

Wenn Du DICH-SELBST nicht ernst nimmst,
wer soll Dich dann noch ernst nehmen?
Wenn Du DICH stetig überstimmst,
wird sich bald keiner mehr
bequemen,
in
Deiner
selbstgewählten Qual
Dich zu ermuntern, aufzuhören
damit, Dich selber zu betören
mit der verfehlten Sichtenwahl.
Halt inne und gewahre jetzt, wie
Du mit Deinem falschen Streben,
das Dich bereichern soll, verletzt.

Wenn Du gerade bist

Und im
Gewahren dessen,
wie Du gerade bist,
zeigt sich Dir schon bald,
wer Du wirklich bist, wenn Du gerade bist.

Wenn Du-Nur-Endlich-zu-DIR stehst

Dein Leben hat Dich fest verpackt
und Du hast ihm noch assistiert.
Es hat Dich gründlich eingesackt,
Dir Deinen Atem abgeschnürt
und Deine Kräfte lahmgelegt,
mit Sand geölt Dein Hauptgetriebe,
Dir Deine Liebe angesägt,
die ur-entsprung`ne Lebensliebe.
In Hass und Aversion verdreht,
ist Dein Ur-Menschliches gefährdet.
Schau an, wie toll es sich gebärdet,
doch heimlich um Befreiung fleht!
Gewahre, wie der Krampf sich löst,
wenn Du-Nur-Endlich-Zu-DIR stehst.

Wenn Du leidest

Wenn Du leidest, halte ein
und gewahre nun Dein Leiden.
Lass Dich leidend einfach sein.
Such` Dich so nicht zu vermeiden.

Schaue, was Dich jetzt bedrängt:
Schmerz, ge $^{p}_{n}$ aart mit Deinen Sichten,
die - ver-gan-gen-heits-ge-lenkt -
sich in Deine Zukunft flüchten.

Schaue, was Dich jetzt verengt:
Schmerz plus all` die
Leid-Erwartung
und Bewertung, die verrenkt
zu stets frischer Leid-Entartung.

Schaue, was Dich jetzt noch kränkt:
Nur der Schmerz und seine Warnung!
Ein Erwachen, das sich schenkt
als notwendende Enttarnung
allen Leidens!

Wenn ich das Denken selbst bedenke

Wenn ich mich gegen denkendes Verrenken
dem freigelassenen Denken schenke
und mich sogar in es versenke,
entgeh` ich nicht den
Denk-Gelen-
ken.

Es sei denn,
die Umkehr-Schwenke
ins ge~wah~ren~de Gedenken
dessen, was erkannt vom Denken,
bricht aus allem Denker-Wahn
ins Gewahren sich die Bahn,
in die Einsicht der präsenten
WIRKLICHKEIT
in
Denk-
Eventen.

Wesensfremd
und antwortsüchtig

Mit antwortsüchtigem Verlangen
häufst Du ein großes Wissen an
und bist in diesem doch gefangen.
Gewahrst Du nicht den Wissensbann?

In Deiner Gier nach Antworten
behinderst Du Dein Echolot,
um Wesensfragen nicht zu orten:
„Woher, worum, wohin im Tod?"

Dein Ego fürchtet solche Fragen.
Dem Wesen ist es nicht gewachsen.
Es kreist nur um die Ego-Achsen,
sucht Wesensfragen zu vertagen.

Denn sie zerbrechen seine Macht
und treiben es in jene Nacht,
dem Wesen abzusterben,
um dieses zu beerben
als Wesens-
diene-
rin.

Wie ein blasser Schimmer?

Bist Du wie ein blasser Schimmer,

wie ein Dämmerlicht vom Dimmer,

und verhältst Dich so wie immer,

lebst Dein eigenes Geflimmer,

hast Du keinen blassen Schimmer

davon, was Dir ein Erklimmer

allen Lebens zeigt als Einstimmer

in das Jetztseits vom Gewimmer

eines Lebens nur als Trimmer.

Und gewahrst Du dieses nimmer,

wird mit Dir es immer schlimmer.

Wie nötig ist ein Atheist?

Der Atheist hat recht, wenn er
die nötigenden Gottesbilder im
Denken radikal durchdringt
und sie durchkreuzt
und sie somit
beseit-
igt.

Doch
irrt er sich,
wenn er uns lehrt,
die nötigen Berührungen
mit allem Bildfrei-Göttlichen
durch gleiches Denken zu zersetzen.

Denn würd` er achtsam es gewahren,
würd` er ein nicht-duales Sein von
Mensch und Göttlichem
erfahren.

**Wohnen im
Gewahrsam
Wohnen im
Gewahr-
sein**

Frei-end-es
Gewahrsein umstreicht Dich leise,
locht Dich, lockt DICH, will schnürende
Verkettung Dir durchlösen.

Träumt
Dir den Ausgang
aus gewohntem Gewahrsam,
bewahrt Dich in freiendem Gewahren.

Willst Du ihm folgen und nicht mehr kreisen,
folgsam und gehorsam, im verwohnten Gewahrsam?

Wollen, Können, Lassen, Sollen

Ich kann Dich nicht bewahren
vor jenem törichten Gebaren,
das Du Dir selbst gewähren willst.

Doch kann ich mit Dir innehalten,
um Dir nun achtsam zu entfalten,
wovor Du Dich bewahren kannst.

Ich kann Dir helfen, die Gefahren
im Augenblick hier zu gewahren,
dass Du sie nicht gewähren
lässt.

Vielleicht
gelingt es mir,
Dir aufzuklaren, jetzt + hier,
worin Du Dich bewähren sollst.

WORT-BEWIRTUNG

DAS
WORT
BEWIRTET
DICH MIT SICH,
wenn Du es einfach
nur gewahrst
....
ohne
Erwartung,
ohne Bewertung
und ohne Befürchtung.

Zeiten-Druck

Wir leiden stets in Raum und Zeit,
bis Raum bricht und sich Zeit
verflüchtigt.

Es sei denn, wir
treten aus in Ur-Distanz,
gewahren uns als jetztseitig in
Raum und Zeit, im Nu befreit
vom Ursprung her.

Dann leiden wir
nicht mehr so sehr am
Raum- und Zeitendruck.

Vom Ursprung her erscheint vielmehr
das Raum-und-Zeit-Kontinuum uns
als ein Glück, das Transdimensionale
in unserem eingrenzten Dasein
jetztseitig zu erproben.

Zeiten-Knick

Wer nur

im Netz der Zeiten hängt,

wer sich nur in der Zeit verfängt,

wie will der denn den Augenblick

gewahren, jenen Zeitenknick, in

dem sich Zeit die Freiheit gönnt,

als Zeitbefreite still zu stehen, sich

selbst als Konstruktion zu sehen,

die immer als Nur-Zeit

verrinnt.

Zeitgemässer meditieren

Halt an! Kehr` ein! Gewahre,
was in Dir, um Dich, mit Dir ist.
Lass einfach sein! Aufklare,
was Dich zernagt, was Dich zerfrisst.

Und warte ab und warte Dich.
Es stillt Dich in der Achtsamkeit,
umgräbt mit leisen Spatenstich
die Fehlsicht Dir im Umkehrstreit.

Es stellt Dich vor Dein SELBST-Gericht:
Und Du zerfällst Dir als Event.
Es schenkt Dir eine Umkehrsicht:

Das LEBEN leuchtet als Präsent,
durchstrahlt Dich nun, Du wirst präsent
und so als Leuchtende/r Präsent
für die im Dunkeln Lebenden.

Zerplatzende Traumbilder

Und im Traum der letzten Nacht
ein Pan-op-ti-kum von Bildern.
Doch vom Schlaf rundum bewacht,
fällt` s mir schwer, es zu schildern.
Denn die Bilder, kaum beäugt,
platzten auf wie Seifenblasen,
haben drohendem Verglasen
im Zerplatzen vorgebeugt.
Und im langsamen
Erwachen
klärte
sich
des
Traumes
Botschaft:
„Sollst Dir keine
Bilder machen, weil das
nur noch neue Not schafft!"
Ich erprobe diese Einsicht nun
im Alltag und erfahre, wie so manches
Bild zerbricht, wenn ich`s traumgeübt gewahre.

**Ziel
verfehlt im
Aus-
verkauf!**

Im Kontakt
mit Deinem WESEN
hab` ich einstmals ES gelesen,
WER WIR eigentlich doch SIND,
WELTenMENSCH und GEISTeskind.

Mein Bemühen, Dich einzuschwingen
in das, was ich NUN gewahrte,
als ES - SICH mir offenbarte,
schien bei Dir nicht anzuklingen.

Trotz so manchem Probelauf
musste es wohl misslingen:
Ziel verfehlt im Ausverkauf!

Wer nicht hören will, ertaubt,
bis Betäubung ihm erlaubt,
selbst sich damit zu betören,
Unerhörtes nicht zu hören, sein
Geschenk nicht zu gewahren
und nur weiter fortzufahren
in gewohnter Alltagstrance,
ohne irgendeine Chance,
endlich aus
ihr zu erwachen,
unerhört sie auszulachen.

Zu-Hören

Wer nicht zuhört, hört-sich-zu.
Zu-gehört kann er nicht hören.
So wird er sich selbst verstören.
Und er findet keine Ruh`,
die ihm nur
Auf-Hören schenkt,
jenes lauschende Gewahren,
das ihn aus Selbst-Betörung lenkt
und ihn schützt vor den Gefahren,
nur sich selbst noch Zu-zu-hören.

Zukunftssicherung

Um Viertel vor zwölf
wäre jener Kick
fällig gewesen
für die Umkehr.
Jetzt ist es schon
drei Minuten vor
zwölf, und immer noch
ist kaum Umkehr in Sicht.

Die meisten wagen noch nicht
einmal den Umkehrblick.
Sie schauen nur zurück
in den Rückspiegel
auf vergangenes
Glück und
fahren
so
in die
gesicherte
Zukunft, in die
gewisse Katastrophe.

(Geschrieben im Oktober 1995.
Im Oktober 2022 ist es mittlerweile
schon 100 Sekunden vor zwölf!)

Zum Gehorchen

Vom
Gehorchen
im Gewahrsam

zum Geh-horchen
im Gewahr-
sein

Epilog

Im Gewahren verwirklichen

Wirkliches

Gewahrwerden der

Wirklichkeit

meint

hier:

dass die

Wirklichkeit,

indem wir ihrer

g e w a h r   w e r d e n,

in diesem Gewahrwerden zu

ihrer eigenenVerwirklichung kommt

Oder umgekehrt: Erst wenn die

Wirklichkeit in uns zu ihrer

eigenen Verwirklichung

gelangt, erfahren wir

die Wirklichkeit

wahrhaft.

Keiji Nishitani

(Japanischer Philosoph 1900 - 1990)

(In: Was ist Religion, Frankfurt a. M. 1986, S. 44)

Stets neues Ein-Gefunden-Sein

Mich interessiert nicht mehr das Suchen.
Mich engagiert nicht mehr das Finden.
Mir hat sich beides offenbart als
meine Sucht, als meine Flucht.

Und ich gewahre jetztseits mein
stets neues Ein-Gefunden-Sein
in Allem, was mich sucht,
in Allem, was mich findet
im Diesseits aller
alten Zucht.

Das Bild vom Menschen-MENSCH

Es ist
das Bild vom
Menschen-Mensch,
vom allseitig entfalteten,
vom immer neu Verbindenden
in seiner Menschen-Menschlichkeit,
das mich, den immer Trennenden, in
heilender Verbundenheit ganz ohne
Wenn und Aber findet und
mich geduldig stimmt,
die Trennungs-
schläge auf
sich nimmt,
sie stellvertretend
überwindet und mich
ins Bild der Menschenliebe
kaum überwindbar einbindet.

Bisher in der Reihe Edition LOS erschienen

(Leseproben bei Google Books und BoD. Einige Hörproben auf meinem YouTube-Kanal „ Wisdom for future" unter dem jeweiligen Titel)

Band 1: Lasse Los: Im Staunen bin ich frei gesetzt Gedichte, Lieder, Texte, BoD Norderstedt 2016, 96 Seiten

ISBN: 978-3-7392-2180-9

„Manchmal trifft mich ein Gewahren und ich lausche, staune, schaue! Und es bricht ein Dank mir an! Und ergießt sich, und ich trinke viel zu hastig, und es fasst mich ein Gebaren, alles zu ergreifen, zu bewahren. Schon erlischt mir lichtendes Gewahren! Und ich warte und bereue, doch ich zehre von dem zarten Augenblick, der trotz meiner Gier mich kürt."

(Hörproben auf YouTube)

Band 2: Lasse Los: Verwunde(r)t - Heilsames Misslingen - Testlauf in der Kunst des Scheiterns, Gedichte und Briefe, BoD Norderstedt 2016, 152 Seiten   *ISBN: 978-3-7392-2997-3*

„Verwunde(r)t" beschreibt in Gedichten und Briefen einen Testlauf in der Kunst des Scheiterns: Das heilsame Misslingen einer Beziehung. Als Gedichtband ist es ein dichterisches   Protokoll kurlichtiger Umrundung, kurschattiger Verwund(er)ung, spurwichtiger Erkundung in durchl(i)ebt, durchlittener, neu geschenkter Stundung.

Band 3: Lasse Los: R-AUSGEFLOGEN Ein bunter Abgesang auf (s)einen Kreuzweg in und aus real existierender Kirche! Texte, Gedichte und Briefe - BoD Norderstedt 2016, 132 Seiten
ISBN: 978-3-7392-4493-8

„Als Täter der kritischen Explikation so manch` einer strittigen Implikation war ich Opfer verborgener Inquisition in einer verbogenen Institution."

Wenn einer tönt, er sei ein Christ, dann prüfe ihn, ob er es ist, und lausche hin, wie er so klingt, wenn er nicht seine Tönung singt!

Band 4: Lasse Los: Seid ihr noch zu retten - Music-Texti-vals
Texte, Liedtexte und Gedichte, BoD Norderstedt 2016, 132 Seiten
ISBN: 978-3-7392-4290-3   **(Hörproben auf YouTube)**

An die Nachgeborenen

Ihr, die Ihr nachgeboren seid, Ihr werdet es uns kaum verzeihen,
dass wir in Giervergorenheit uns ausgelebt mit Genossen.
Dem Kahlfraß-Wohlstands-Wucher-Wahn, dem wir erbarmungslos uns weihten,
verdankt Ihr Eure Leidensbahn. Wir lebten noch in fetten Zeiten!
Ihr müsst die mageren Euch teilen, die wir für Euch heraufbeschwor`n,
als wir in Kahl-Fraß-Gier vergor`n. Welch` Schicksal wird Euch wohl ereilen?
Ich wünschte, jene hätten Recht, die glauben, dass die Menschenwelt
im ö-ko-lo-gi-schen Ge-fecht, das Euch den Horizont verstellt, zu retten sei!
Um welchen Preis? Prognosen alarmier`n schon lange!
Hör` ich auf sie, wird mir so bange!
Ich protestier`, auch wenn ich weiß, dass ich nicht viel erreichen kann.
Ich wehr` ihn ab, den Wucherbann und leb` schon ökologischer.

(In: Lasse Los ...da muss doch noch LEBEN ins Leben rein! Liederbuch BoD Norderstedt 2017)

Band 5: Lasse Los: Den Umkehr-Blick wagen!
Wort-Bilder und Gedichte
Farbige Wort-Bilder, paarweise mit Gedichten „garniert"
BoD Norderstedt 2016, 148 Seiten   *ISBN: 978-3-7412-2544-4*

(Hörproben auf YouTube)

Im schöpferischen Prozess meiner spielerisch vertiefenden Arbeit mit Worten, Sätzen und Reimen entstanden im Laufe der Zeit auch etliche Wort-Bilder, von denen ich hier eine Auswahl präsentiere.
Die Anordnung folgt keiner Systematik, sondern dem Alphabet. Neben jedem Wort-Bild erscheint ein Gedicht oder eine Erläuterung zum weiteren meditativen Innehalten.

Band 6: Lasse Los: … dennoch J A zum Leben sagen! Musik-Text-Collagen
BoD Norderstedt 2016, 100 Seiten   *ISBN: 978-3-7412-7074-1*

(Hörproben auf YouTube)

In "...dennoch JA   zum Leben sagen!" präsentiere ich eigene Musik-Text-Collagen zu bewegenden Schicksalsbüchern. Drei tragische Schicksale von Gesine Wagner, Etty Hillesum und Martin Gray kommen mit ihrem Ringen um ein tragiktragendes Vertrauen und einen Lebenssinn trotz alledem in Texten und Liedern zur Sprache und zu Gehör.

Band 7: Lasse Los: Der GEIST weh(r)t (sich), wo er will!
Kirchenkritisches
Gedichte, Wortbilder und Texte
BoD Norderstedt 2017, 172 Seiten   *ISBN: 978-3-7448-3360-8*

In "Der GEIST weh(r)t (sich), wo er will!" präsentiere ich nach 25jähriger kirchlicher Mitarbeit meine grundsätzliche Kirchen- und Konfessionskritik in Gedichten, Wort-Bildern und Texten, wie ich sie schon in "R-AUSGE-FLOGEN" (Band 3) gestartet habe.

DIE KIRCHE STIRBT

STOPP- die KIRCHE stirbt- **STOPP-** und in ihr wirbt- **STOPP-** ein alterndes geglaube um sein gnadenbrot- **STOPP-** hab` mitleid mit der armen- **STOPP-**und misch in das erbarmen- **STOPP-** die zuversicht, wenn altes bricht -**STOPP-** erhebt sich bald schon wieder neu - **STOPP:**
L E B E N D I G E S !

Lasse Los

Band 8: Lasse Los:
Präsentosophia – präsent sein – ein Präsent sein Wort-Bilder Texte -
Gedichte - BoD Norderstedt 2021, 151 Seiten
ISBN: 978-3-7543-5664-7
*"Auf meiner Suchwanderung zu dem, worum es im Leben eigentlich geht, habe ich viele Wege ausprobiert. Manche entlarvten sich als Sackgassen,   andere erwiesen sich als Irrwege, und einige wenige entpuppten sich als Hinwege. Eine existentialistische Wende in der Jugend, neomarxistisch getönt, eine spirituelle im jungen Erwachsenenalter wurden nach langjährigem intensiven Ringen in einer Nullpunkt-Widerfahrnis gekrönt durch die **Präsentische Wende.** In einer jähen   intuitiven   Gewahrens-Offenbarung eröffnete sich mir die **Präsentosophia** mit ihrem Kernmantra „präsent sein - ein Präsent sein" in Kurzformel: **Präsent(-)sein.** Damit hatte ich endlich gefunden, wonach ich immer gesucht habe: Die Transformation von Existentialität, Sozialität und Spiritualität in die **Präsentalität.**   In diesem Band lege ich darüber in Gedichten, Texten und Wort-Bildern Rechenschaft ab."*

Band 9: Lasse Los: Jetztseits leben   Gedichte und Texte
BoD Norderstedt 2020, 112 Seiten   ISBN: 978-3-7448-3360-8

„Jetztseits" ist ein Wort, dass die Schriftstellerin Luise Rinser in einem Brief an den Theologen Karl Rahner kreiert hat. „Ganz entspannt im Hier-und-Jetzt" hieß es seit den 70er Jahren bei Osho, dem indischen Guru, und seiner Bewegung. Das hat die Werbung heute geschickt aufgegriffen, um mögliche Konsumenten für ihre umworbenen Produkte zu gewinnen. Mit „Jetztseits leben" ist aber viel mehr gemeint: Ein gutes sinnvolles gelingende Leben aus der Kraft der GEGENWART!   Es ist das Thema aller meiner Bücher, jeweils mit unterschiedlichen Schwerpunkten und verschiedenen Titeln. In diesem Gedichtband entfalte ich es im Dreierschritt: Jetztseits im Erleben Jetztseits im Leben - Jetztseits im Leiden.

Band 10: Lasse Los ...da muss doch noch LEBEN ins Leben rein! Liederbuch
71 Lieder mit Noten und Akkordsymbolen aus drei Jahrzehnten BoD Norderstedt 2017, 154 Seiten   ISBN: 978-3-7460-2901-6

(Hörproben auf YouTube)

„In meiner langjährigen soziokulturellen Arbeit mit Jugendlichen und Erwachsenen war meine Musikarbeit ein bedeutsamer Schwerpunkt. (Siehe Übersicht in "Lasse Los: R-Ausgeflogen")   Neben Music-Textivals mit tiefen- ökologischen und spirituellen Gleichnissen (Siehe "Lasse Los: Seid Ihr noch zu retten?") schrieb und komponierte ich Musik-Text-Collagen zu bewegenden Schicksalsbüchern (Siehe "Lasse Los: ...dennoch JA zum Leben sagen!") die ich mit den Bands PAXOPHON und VETOREX und dem Gesangsensemble   SALVATON einstudierte. In verschiedenen Kirchen,   in Gemeindehäusern, in Kulturzentren, bei Eine-Welt-Tagen, auf Rügenfreizeit-Tourneen und während der Deutschen Evangelischen Kirchentage brachte ich sie mit Erfolg zur Aufführung. Daneben schrieb und komponierte ich weitere Lieder zu Überlebensfragen und Fragen über das Leben. Die mir noch wichtigen präsentiere ich hier mit den Liedern aus den Music-Textvals und den Musik-Text-Collagen."

Band 11: Lasse Los: UMKEHREN oder UMKOMMEN?   Gedichte und Lieder zur ökologischen Weltlage
BoD Norderstedt 2020,132 Seiten   ISBN: 978-3-7504-3293-2

„UMKEHREN oder UMKOMMEN? Entsorgt den Wohlstandswucherwahn! Es kostest sonst die Welt!" umkreist mit Gedichten und Liedern die aktuelle weltweite ökologische Krisenlage und einen Wandlungsweg aus ihr in einem Dreierschritt: A. Was der Fall ist - Fallstricke gefallen B. Was der Fall sein könnte - Fallstricke fallen C. Auf alle Fälle ein neuer Fall - Das LEBEN im Leben"

Band 12: Lasse Los: Worum geht es eigentlich?
Gleichnisgedichte, farbige Wort-Bilder und Gedichte BoD Norderstedt 2020,144 Seiten   ISBN: 978-3-7504-1384-9

„Im Ringen um ein gutes gelingendes Leben drängte sich mir immer wieder die Frage auf: >>Worum geht es eigentlich?<< Als Antworten beglückten mich oft gleichnishafte Einfälle, die ich manchmal reimend verdichtete. Diese Gleichnisgedichte künden von einem LEBEN im Leben, das es zu verstehen und ins eigene Leben umzusetzen gilt. Darin übe ich mich nun schon seit Jahrzehnten. Dabei klaren mich auch meine gefundenen Gleichnisse auf."

Band 13: Lasse Los: Aufgang im Untergang
LEBEN im Leben, im Sterben, im TOD? UND NUN? Gedichte, Wort-Bilder, Texte
BoD Norderstedt 2020, 144 Seiten   ISBN: 978-3-7494-9652-5

„Nach deutender Beurteilung empirischer Befunde tendiert man heutzutage mehrheitlich zur Auffassung, der Tod sei stets ein Untergang und nicht vielmehr ein Aufgang ins „jenseitige Leben". Nach nüchterner Prüfung empirischer Befunde tendiere ich zur Auffassung, der Tod sei nicht ein Untergang, er sei vielmehr ein Auf-Gang ins pure LEBEN, das manches Mal das Leben durchlichtet. Mit Gedichten, Wort-Bildern und Texten umkreise ich dieses gewaltige Thema."

Band 14: Lasse Los: Stillende Stille -   Still werden - In Stille sein -
Gestillt sein - Stillend sein   Gedichte und farbige Wortbilder -
BoD Norderstedt 2020, 112 Seiten   ISBN: 978-3-7519-0276-2

„In diesem Gedichtband geht es um die heilende Kraft der Stille im Rhythmus des Viertakters: Still werden - In Stille sein - Gestillt sein - Stillend sein. Die ersten drei Takte führen tief hinein in die Stille. Im vierten Takt öffnet sich der in Stille Gestillte der Mitwelt und ihren vielfältigen Herausforderungen mit stillenden Lösungen."

Band 15: Lasse Los: Nichts als Worte! ???
Wort-Bild-Galerie - schwarz-weiße und farbige Wort-Bilder BoD Norderstedt 2020, 132 Seiten   ISBN: 978-3-7504-9798-6

„In diesem Band präsentiere ich ausschließlich Wort-Bilder als Wort-Bild-Galerie. Sie dienen einem meditativen Innehalten, in dem sie ihre Botschaft tiefer entfalten können. Jedes Wort-Bild steht auf je einer Doppelseite für sich und kann so noch mehr zum meditativen Gewahren und Wirkenlassen beitragen."

Band 16: Lasse Los: Kurz und wendig
Aphorismen und Kurzgedichte - BoD Norderstedt 2020, 152 Seiten *ISBN: 978-3-7519-4908-8*

„In >kurz und wendig< präsentiere ich Aphorismen und Kurz-gedichte, die sich mir in den Jahren meiner dichterischen Arbeit „nahelegten". Ich habe sie nicht thematisch sondern alphabetisch angeordnet. So lassen sich gesuchte Stichworte schneller finden. Die alphabetisch bedingten thematischen Sprünge im Ablauf der Texte können als Nebeneffekt ein kurz-und-wendiges kreatives Nachdenken und ein meditatives Innehalten auslösen. Das gibt dem Ganzen noch eine zusätzliche Würze."

Band 17: Lasse Los: EIS-Zeit – EYES-Zeit – eYES-Zeit Gedichte
und Lieder BoD Norderstedt 2020, 124 Seiten *ISBN: 978-3-7519-4908-8*
(Hörproben auf YouTube)
*„Im Rahmen meiner Jugendkulturarbeit organisierte ich mit Jugendlichen und jungen Erwachsenen der Projektgruppe KuMuLi (Forum für Kunst, Musik und Literatur) zweimal jährlich Jugendkulturtage, jeweils unter einem kreativen Motto. Es fanden neben anderen interaktiven Angeboten Kunstausstellungen jugendlicher KünstlerINNEN, Musikdarbietungen jugendlicher Bands und Lesungen jugendlicher SchriftstellerINNEN und DicherINNEN statt.
Bei den Jugendkulturtagen im Oktober 1999 unter dem ausgefallenen Motto „EYES-Zeit" bot auch ich eine Lesung meiner Gedichte, Aphorismen und Lieder zur Thematik als >A B C der EYES-Zeit< mit dem Titel: >EIS-Zeit - EYES-Zeit – eYES-Zeit< an. Da sie eine zeitlose ist, präsentiere ich in diesem Band eine überarbeitete und leicht erweiterte Fassung."*

Band 18: Lasse Los: Oh Jesses! Dieser Jesus! Annäherung

Gedichte, Texte, Wortbilder

BoD Norderstedt 2021, 144 Seiten   *ISBN: 978-3-7526-8488-9*

„In diesem Band präsentiere ich in Gedichten, Wort-Bildern, eigenen Texten und ausgewählten Zitaten einen bunten Strauß der Ergebnisse meiner fast 50jährigen Annäherung an die Jesus-Gestalt und ihre gewandelten Auswirkungen auf mein Denken und Erleben.   Dabei greife ich auch auf einige Texte und Gedichte aus meinen früheren thematisch verwandten Büchern zurück: „R-Ausgeflogen" und „Der GEIST weh(r)t (sich), wo er will!" Die Gedichte, Texte und Zitate sind unter den jeweiligen Schwerpunkten alphabetisch oder auch bunt angeordnet. Die dadurch bedingten thematischen Sprünge können beim Mit-und-Nachdenken ein meditatives Innehalten auslösen. Das gibt dem Ganzen seine eigene Würze."

Band 19: Lasse Los: Kreuz-Plus-Symbol-Imagination

Text-Bild-Collage, BoD Norderstedt 2021. 168 Seiten

ISBN: 978-3-7534-8249-1

„Das älteste der Symbole der Menschheit, das in allen Kulturen und Religionen aufscheint und das in wechselnder Dichte und Gestaltung als die Grundaussage erfahren wurde und noch erfahren wird, ist das Kreuz." (Alfons ROSENBERG, Symbolforscher)

Die Imagination des Kreuzsymbols als Ur-Symbol der Ganzheit und des Menschen eröffnet Wege zum ganzen Menschen in wahrer SELBST-Entfaltung. Mit der Entdeckung des Kreuzsymbols als Ur-Symbol entfaltete ich sowohl in fortlaufenden Gruppen als auch in mehrtägigen Seminaren eine fruchtbare Imaginationsarbeit, die hier dargestellt wird.

Band 20: Lasse Los: Es menschelt! Aber Hallo!

Lars-Locker-Gedichte - BoD Norderstedt 2021,124 Seiten

ISBN: 978-3-7543-4936-6

"Nachdem ich mich in den vorhergehenden neunzehn Bänden ernst-haft und ausgiebig mit unterschiedlichsten Lebensfragen befasst habe, breite ich in diesem Band humorvolle bis schlüpfrige Texte aus, die sich beim Erdichten kopf- und herzbetonter Kreationen als Unterleibs-zentrierte meines Schattenbruders Lars Locker dazwischen geschli-chen haben. Hier finden sie ihren angemessenen Ort als Lars-Locker-Gedichte. Die Anordnung ist nicht thematisch sondern alphabetisch orientiert."

Band 21: Lasse Los: ERLAUsCHTES   Gedichte, Lieder, Wortbilder -

BoD Norderstedt 2022, 116 Seiten -

ISBN: 978-3-7557-1040-0

"Wer Gedichte schreibt, Liedtexte entwirft und Wortbilder komponiert, macht die Erfahrung, dass die Entfaltung einer zündenden Idee als Gedicht, Liedtext oder Wortbild häufiger stockt und zum Innehalten und Lauschen auffordert. Und wer nicht krampfhaft versucht, weiter zu konstruieren, sondern sich Zeit lässt zum Gewahren, wird häufig überraschend mit ERLAUsCHTEM beschenkt. Früher sprach man bei diesem Widerfahrnis vom Musenkuss. So ist es mir beim Dichten, Schreiben und Entwerfen auch oft ergangen. In diesem Gedichtband präsentiere ich eine Auswahl des Erlauschten in alphabetischer Reihenfolge. In all` meinen anderen Gedichtbänden findet sich ebenfalls Erlauschtes."

Band 22: Lasse Los: ICH BIN DAnk!
Gedichte, Texte, Wortbilder - 124 Seiten - BoD Norderstedt 2022
ISBN: *978-3-7562-0225-6*

In "ICH BIN DAnk" umkreise ich mit Gedichten, Texten und Wortbildern in unterschiedlichen Facetten das Zugleich von DA-sein, präsent sein und Achtsamkeit mit der Dankbarkeit.
Schon in meinem Werk "Band 8: Lasse Los: Präsentosophia - präsent sein - ein Präsent sein" klang dieser Zusammenhang in vielfältiger Weise an.   In meinen Seminaren zu diesem Thema haben sich manche TeilnehmerINNEN den Titel "ICH BIN DAnk" als Logo auf ihre T-Shirts gemalt und damit manches interessante Gespräch ausgelöst.

Band 23: Lasse Los: Und bist Du nicht willig, so brauch` ich GEDULD! o d e r **Aus dem MACHERWAHN auf die Warterbahn**
Gedichte und Lieder - 120 Seiten - BoD Norderstedt 2022
ISBN: 978-3-7568-3729-8
Wir leben in einer vom Untergang bedrohten Zeit. Damit uns der Übergang in eine bewahrende,nachhaltige Zukunft gelingt, benötigen wir eine transformative Umkehr in Weltanschauung, Menschenbild und Lebensstil. Die Machermentalität beherrscht die moderne Zivilisation - eher Zuvielisation - und zersetzt mit ihrer Herrschaftsgier, ihrer Mehr-Noch-Mehr-Sucht, ihrer Beschleunigungsideologie und ihrem Macherwahn unsere not-wendigen Lebensgrundlagen. Ein Ausweg bietet sich in der Wartermentalität an, im Sinne eines Zugleich von: Die Dinge warten und abwarten, wie sie sich heilsam entwickeln. In meinen bisherigen Werken habe ich sie in etlichen unter verschiedenen Perspektiven umkreist. Hier nun entfalte ich sie facettenreich in Gedichten und Liedern als Warterbahn in Abgrenzung zum Macherwahn. Zum meditativen Innehalten und Wirkenlassen war es sinnvoll, die Texte nicht systematisch sondern alphabetisch anzuordnen, wie es sich in manchen meiner anderen Werke bewährt hat.

<h2 style="text-align:center">Auswahl aus meinem YouTube-Kanal
"WISDOM FOR FUTURE"</h2>

Music-Textivals, Musik-Text-Collagen, Lieder zur Lage, Hörproben von Gedichtbänden in Auszügen mit QR-Code für Youtube-Upload

„Seid ihr noch zu retten?" ist ein hochaktuelles ökologisches Gleichnis zur Krisenlage unseres schonen blauen Planeten als *„Music-Textival".* Texte im gleichnamigen Buch: Lasse Los: Seid Ihr noch zu retten?" Lieder in: „Lasse Los … da muss doch noch LEBEN ins Leben rein!"

„Umkehr-Kur(s)" ist als **Music-Textival** die Wandlungsgeschichte einer Frau, die nach einer tiefen Krise ihr Leben radikal ändert und nun umweltschonend, nachhaltig und achtsam für ihre Mitwelt weiter lebt und sich aktiv für die Bewahrung der bedrohten Lebensgrundlagen engagiert.

In „**Bevor es zu spät ist! - Lieder zur Lage**" präsentiere ich die wichtigsten **Songs aus den verschiedenen Music-Textivals** in einer sinnvollen Reihenfolge. Die Lieder findet man mit Noten und Akkordsymbolen in meinem Liederbuch „Lasse Los ... da muss doch noch LEBEN ins Leben rein!"

"**EIS-Zeit - EYES-Zeit - eYES-Zeit.**" Aus-gewählte **Lesung** meiner **Gedichte und Aphorismen mit Musik und Liedern** zur Thematik. Die volle Fassung liegt in meinem Gedichtband mit dem gleichlautenden Titel: "Lasse Los - EIS-Zeit - EYES-Zeit - eYES-Zeit."

Pfingsten 1983 besucht **Gesine Wagner** aus Detmold mit ihrer Großmutter ihren Onkel Martin Jürges und seine Familie in Frankfurt. Bei einer gemeinsamen Fahrt in den Odenwald wird das Auto von einem **abstürzenden Starfighter**, der bei einer **Flugshow** mitgeflogen ist, getroffen. Alle Insassen verbrennen im Auto - bis auf Gesine, die schwer verletzt überlebt und **nach 81 Tagen im Krankenhaus stirbt**. Ihre Eltern geben nach ihrem Tod ein Buch über ihr Leben, Leiden und Sterben unter dem Titel: „**Gesine Wagner: Im Feuer ist mein Leben verbrannt**" heraus. Als ich Ende der 80er Jahre das Buch kennenlernte, war ich so davon berührt, dass ich diese musikalische Besinnung schrieb, komponierte, mit der Band und dem Gesangsensemble PAXOPHON einstudierte und vielfach aufgeführte. Die digitalisierte Live-Aufnahme der Premiere von 1990 stelle ich hier zum Anhören und zur Diskussion vor.

Musik-Text-Collage: "Martin Gray: Der Schrei nach Leben" aus "Lasse Los ... **dennoch Ja zum Leben sagen**". In Texten, Musik und Liedern bietet sie Annäherungen an die Geschichte und die Einsichten von Martin Gray, einem Mann, der die Unmenschlichkeit besiegte, weil er an die Menschlichkeit glaubte.

„**In allen Farben singen**" - **Music-Textival** - **Spektralfarbengleichnis** mit der Frage nach der EINEN WAHRHEIT und den vielen Wahrheitsbehauptungen. Texte in"Lasse Los: Seid Ihr noch zu retten?" Lieder mit Noten und Akkordsymbolen in: „Lasse Los ... da muss doch noch LEBEN ins Leben rein!"

"Als ich das bess`re Leben suchte, ... da träumte mir von GOtt!" - **Music-Textival** mit einem meiner wichtigsten KERN-Träume, einen *"Gottestraum"*. Geträumt in einer Wandlungskrise vor etwa 40 Jahren, die mein Leben zutiefst beeinflusst und in eine sinnvolle Richtung gelenkt hat.

Ein *"GOTTES-Traum"* ist ein „Gottes-TRAUM", also ein träumendes Symbolgeschehen in der Tiefenpsyche - nach C. G. JUNG ein Traum aus der SELBST-Sphäre. Er sagt etwas darüber aus, wie die PSYCHE empirisch überprüfbar von Gott in Symbolen spricht, nicht mehr und nicht weniger. Den Text findet man in meinem Band *"Lasse Los - Seid Ihr noch zu retten?"* neben den Texten anderer Music-Textivals.

"Zurück ins Glück!" oder *"Wege aus dem Glücksinfarkt"* ist ein Gleichnis als **Music-Textival** über verschiedene Wege des menschlichen Glücksstreben, über seine Irrwege und Sackgassen, die im Glücksinfarkt enden oder seine heilsamen Wege in gelungenes glückliches Leben.

„Befreiter leben!" ist ein hochaktuelles Gleichnis als *„Music-Textival"* zu unserer wuchernden, wachstumsgebannten Lebens-weise und der Krisenlage unseres Planeten. Texte in *"Lasse Los: Seid Ihr noch zu retten?"* Lieder in: *„Lasse Los ... da muss doch noch LEBEN ins Leben rein!"*

Der Band **"Im Staunen bin ich freigesetzt"** präsentiert Gedichte und Lieder zum Thema *"Staunen"* in Träumen, im Wachzustand, als Erwachen und in Begegnungen. Diese Version ist **ein Auszug als Hörprobe** aus dem gleichnamigen Band: *"Lasse Los: Im Staunen bin ich freigesetzt"*.

In **"Lasse Los: Den Umkehr-Blick wagen!"** habe ich ein schöpferisches Experiment entfaltet. Es ist ein **Gedichtband mit Wort-Bildern und Gedichten,** aus dem ich hier **Auszüge als Lesung** poste, um die Neugier auf ihn zu wecken.